CRÔNICAS
DESPIDAS E VESTIDAS

Proibida a reprodução total ou parcial em qualquer mídia
sem a autorização escrita da editora.
Os infratores estão sujeitos às penas da lei.

A Editora não é responsável pelo conteúdo deste livro.
A Autora conhece os fatos narrados, pelos quais é responsável,
assim como se responsabiliza pelos juízos emitidos.

Consulte nosso catálogo completo e últimos lançamentos em **www.editoracontexto.com.br**.

CRÔNICAS
DESPIDAS E VESTIDAS

Betty Mindlin

Copyright © 2017 da Autora

Todos os direitos desta edição reservados à
Editora Contexto (Editora Pinsky Ltda.)

Ilustrações de capa e de miolo
Paul Gauguin, *Noa Noa: voyage à Thaiti*, 1891-1893

Montagem de capa e diagramação
Diana Mindlin

Preparação de textos
Lilian Aquino

Revisão
Ana Paula Luccisano

Dados Internacionais de Catalogação na Publicação (CIP)
Andreia de Almeida CRB-8/7889

Mindlin, Betty
Crônicas despidas e vestidas / Betty Mindlin. – São Paulo :
Contexto, 2017.
216 p.

Bibliografia.
ISBN 978-85-520-0022-8

1. Crônicas brasileiras 2. Antropologia 3. Autobiografia
4. Índios da América do Sul – Brasil – Crônicas
5. Cultura popular – Brasil I. Título

17-1051   CDD B869.93

Índice para catálogo sistemático:
1. Índios da América do Sul – Brasil – Crônicas

2017

EDITORA CONTEXTO
Diretor editorial: *Jaime Pinsky*

Rua Dr. José Elias, 520 – Alto da Lapa
05083-030 – São Paulo – SP
PABX: (11) 3832 5838
contexto@editoracontexto.com.br
www.editoracontexto.com.br

Para Manu e Inês

Sumário

11 Introdução

Crônicas despidas

17 Autobiografia

29 Um voo livre

34 Aperitivo de mãe: a origem dos donos de espingardas, os invasores

40 Bravas mulheres

48 Semente da primeira organização indígena

51 Melodia amorosa Ikolen Gavião

54 Eu quero aquilo!

59 Guerra dos Pinguelos na Terra do Fogo

71 Concerto a quatro mãos

73 Encontro inesperado com Iemanjá e Ogum

76 Memória I

81 Memória II: *Adanggaman*

84 Canto da Casa Vizinha

86 A cabeça voraz

102 Uma carona no sem-fim

107 O chapéu

112 O amor canino ou a tarde devota

115 Travessuras guerreiras I: um roubo honesto

122 Travessuras II: falsa identidade

126 Traquinagens: três Emílias

128 Relances dos Nambiquara e de Silbene de Almeida

137 Silbene, poeta de Mutum

Crônicas vestidas

149   O pintor J. Swaminathan no Brasil

153   Os fios do sonho: Anaïs Nin

155   A companhia de Octavio Paz, no seu centenário

162   Natalia Ginzburg em Passo Fundo

168   Na trilha de um passaporte iraniano

174   *A raiva e os sonhos dos condenados*: um filme exemplar

178   Mamaé Coragem

186   Com dois bispos: D. Pedro Casaldáliga e D. Tomás Balduíno

190   Aula magna de Pedro Arara Karo

208   A biblioteca do imigrante

211   Fontes dos textos

215   A autora

Introdução

Fragmentos de um percurso compõem as *Crônicas*, começando por uma breve autobiografia. Não há um fio condutor. Muitas já foram publicadas, outras são inéditas. Seriam despidas as dedicadas a povos que não cobriam o corpo em tempos antigos, a não ser com pinturas, tecidos ocasionais, adornos, plumas. Para eles, a nudez não era proibida, como em nossas leis urbanas. O termo "despidas" também pode referir-se à exposição pública, frestas de intimidade.

Os mitos indígenas são o suporte de vários textos, através de leituras e de pesquisa de campo. Há o amor proibido entre mãe e filho, realizado nos Yamana, um povo da Terra do Fogo, ou nos Maxacali de Minas Gerais, contraposto ao terrível castigo de uma mãe xavante, exasperada com eternos pedidos de iguarias pelo filho, incesto às avessas, empurrado goela abaixo do transgressor. O embate entre homens e mulheres percorre os ensaios, como no teatro selknam, ritual espantoso para manter o poder masculino em um povo da Terra do Fogo, que hoje, com os massacres da colonização, conta com poucos sobreviventes e não mais o realiza. A guerra dos sexos continua debatida no filme de Lúcia Murat, *Brava gente brasileira*, no qual, para nossa alegria, as mulheres indígenas guaicuru, representadas por atuais Kadiwéu, são vitoriosas – episódio histórico verdadeiro do século XVIII, a arma vencedora sendo a sedução, capaz de iludir a violência dos conquistadores europeus. O capítulo mais estudioso e longo, com base em registros de narradores autóctones e em publicações alheias, é o da "Cabeça voadora" – este talvez a linha-mestra da primeira parte do livro.

Seguem-se, nas crônicas despidas, outros assuntos indígenas. A música dos Wari é apresentada em tambores, troncos de madeira, na sintonia imprescindível entre Marlui Miranda e Caito Marcondes, para que, alcançando com baquetas grossas em ritmo o instrumento um do outro, não se machuquem.

O que é a memória das tradições e como se transmitem de uma geração a outra? Aparece de relance a fala de Davi Kopenawa Yanomami em um encontro em julho de 2004. Um filme extraordinário, *Adanggaman*, da Costa do Marfim, mostra a escravidão massacrando a história e as lembranças dos protagonistas – que, no entanto, através de uma corda espiritual, mantêm-se e resistem.

Uma crônica sobre mães de santo no dia 2 de fevereiro em Imbassaí, Bahia, mistura-se às mais numerosas de tema indígena, com bênçãos que surtiram efeito.

A luta por terras e direitos dos povos puxa da memória, talvez com falhas, a primeira organização indígena brasileira, em 1978. Em escritos da época, um pouco mais tarde, brota do papel a grandeza heroica de Silbene de Almeida, defensor dos Nambiquara que mereceria filme e livro, tão importante foi a sua atuação. Aqui, há apenas vislumbres de seus feitos e da convivência com Carmen Junqueira e comigo. Traquinagens nossas, mesmo em meio a situações extremas de perigo, davam encanto à militância desesperada que resultou em algumas vitórias.

As crônicas vestidas falam de personagens que foram marcantes para mim; seria mais apropriado deixá-las com seus trajes habituais. Há as escritoras-modelo que jamais encontrei, mas gostaria de ter abraçado, como Anaïs Nin e Natalia Ginzburg. Incluí o depoimento de

Pedro Arara Karo, já antes organizado e publicado por mim, por ser um pedaço da história do Brasil, como tantos outros semelhantes que desconhecemos. Os bispos libertários do tempo da ditadura militar, D. Tomás Balduíno e D. Pedro Casaldáliga, encantados com Carmen Junqueira, misturam-se ao poeta Octavio Paz, no cenário do México e da Índia, e ao amigo hindu do mexicano, o pintor J. Swaminathan, criador dos coloridos quadros de pedras voadoras. Seguimos a historiadora iraniano-francesa Nahal Tajadod em sua busca alucinada por um passaporte em Teerã, revelando em linhas delicadas a cultura milenar e o cotidiano do país. Um filme de Jean-Pierre Krief relata a vida de Jimmy Boyle, ex-criminoso transformado em escultor e escritor de sucesso, graças a um programa social em uma prisão escocesa. A parceira de Krief, Christiane Succab-Goldman, também cineasta, amplia a reflexão sobre o sistema prisional e o crime, até por sua experiência de vida. Quase no fim do livro, Carmen Junqueira, personagem em muitas páginas, é homenageada por sua coragem física e firmeza nas plagas da Amazônia.

Não sei se os capítulos são crônicas, pois há definições belíssimas, literárias, do que seja uma crônica, e nem todas concordam entre si. Como o conceito é elástico, aproveitei como título do livro, mesmo que não se aplique aos desordenados comentários destas páginas.

Crônicas despidas

Autobiografia

Muita gente me pergunta como minha vida mudou depois que comecei a passar grandes temporadas com os índios, tentando aprender seu jeito de ser. Sempre desconverso, pois foi uma transformação tão extraordinária que jamais contei a ninguém o que hoje resolvo explicar.

Eu me casei muito jovem, aos 18 anos, com um rapaz um tanto mais velho do que eu, veterinário, especialista em animais selvagens, mas também ótimo para tratar de cães e gatos – e foi assim que o conheci, levando-lhe de quando em vez minha cachorrinha bassê. Tivemos logo uma menina e um menino, e nossa casa era deliciosa, povoada de bichos, cachorros, felinos, pássaros, e numa ocasião até mesmo um casal de macacos-prego, festa para as brincadeiras das numerosas crianças. Nossos filhos foram crescendo, chegaram à adolescência bastante independentes.

Foi então que resolvi viajar para os índios, percorri muitas terras, aprendi línguas, fiquei amiga de povos bem diferentes. Ouvia os narradores, gravava, familiarizada com seus mitos e tradições. Cada vez que voltava para casa era uma alegria, eu contava sem parar as minhas aventuras. Descrevia como pensavam e viviam os meus amigos, a floresta, as histórias de cada um, os amores, as comidas, os pajés.

Assim, éramos muito felizes. Não desgrudava do meu marido, fora as expedições à floresta. Saíamos juntos explorando a cidade e as artes, passeando com amigos. Dormíamos abraçadinhos todas as noites – quando estava sozinha no mato, ou quando ele precisava ausentar-se, eu custava a adormecer. Eu costumava enroscar a cabeça em seu ombro, ele passava um braço debaixo da minha nuca e mergulhávamos na mais completa intimidade.

Certa vez, ao voltar de uma viagem mais prolongada, comecei a ter dores muito esquisitas no pescoço. Fui a vários massagistas, consultei um fisioterapeuta, alonguei-me como tinha o hábito de fazer e tornei mais intensas as horas de natação. Nada de passarem as pontadas agudas, que ninguém sabia explicar. Eu imaginei que fossem causadas por nossa posição ao dormir, minha cabeça virada, para recostar-se no peito do amado. Mas não desisti da nossa forma de enlace, aconchegante, fazendo de nós amantes siameses.

Até que um dia... Ah, hesitação, será que terei coragem de lhes contar? Enfim, seja o que for, não é mais possível guardar o que houve. As dores ressurgiram lancinantes no começo da noite. Subitamente, num acesso mais forte, percebi que o quarto se movia. Olhei, vi a cama. Não, não era a casa mexendo, era eu que subia! Tentei agarrar-me a algum apoio, fixar-me – e vi que meus braços tinham desaparecido! Assim como todo meu corpo, pernas... Eu era apenas minha cabeça. Olhei outra vez para baixo, com mais atenção, e vi meu marido num sono tranquilo, profundo, abraçado ao meu corpo... Era eu mesma, decepada! Um pouco de sangue escorria no peito dele.

O voo não me deixou tempo para muita reflexão. Não sei como, atravessei telhados e me vi nos ares. O vento frio de agosto batia no meu rosto, e o pescoço já não doía – não estava mais inteiro. Observei de longe a cidade, e aos poucos fui impelida para baixo, chegando a uma janela iluminada, aberta. Entrei. Era uma sala simpática, clara, com redes e cadeiras de balanço, tapetes artesanais, muito livro. Alguém ouvia Bach e tudo respirava paz. Numa escrivaninha, um homem, um tanto mais velho do que eu, escrevia num computador, tendo ao lado um caderno de notas, que consultava, acrescentando linhas à mão. Era alto, magro, pele muito escura, seria um indiano ou persa, não fossem os cabelos lisos bem grisalhos. Aproximei-me e comecei a ler – felizmente, não uso óculos, nem para longe nem para perto, e minha cabeça mantinha a visão integral. A princípio, ele não me viu. Estava revisando o próprio texto, para minha sorte, pois pude ler o enredo do começo ao fim. Era uma biografia de mulher, ele explicava que baseada na vida de sua bisavó, uma dona de fazenda de café do Vale do Paraíba. Muitíssimo bem escrita, com raros dons de expressão, lavra de um grande escritor. A personagem era uma abolicionista, no século XIX, que descobria, vasculhando arquivos históricos, quem eram seus antepassados, e ficava sabendo que em linha materna, ainda na geração anterior, parentes suas eram escravas. Expunha à sociedade sua descoberta e causava grande rebu na família, tornando-se famosa. Fui lendo sem despegar os olhos, e gostei tanto que fui tomada como que de uma paixão repentina pelo autor, capaz de criar uma mulher tão de carne e osso, revelando sensações e sentimentos femininos como ninguém. Ao terminar o último capítulo – devo dizer *terminarmos*, pois ele ia descendo as páginas e fazendo correções apropriadas –, voltei-me para ele, ou melhor, rolei os olhos para o rosto dele e fui tomada por um intenso desejo de lhe dar um beijo. Só então ele notou minha presença e a custo reprimiu um grito de horror, talvez contido porque intuiu a força do afeto passional nos meus olhos negros. Aproximei-me e beijei-o no rosto. Tentei enlaçá-lo, e aí me dei conta de que era uma fêmea mutilada, intensa, mas condenada a utilizar voz, olhos, boca, língua, ou a roçar os cabelos em quem desejasse atingir. Preferi conversar e relatei-lhe minha triste história recente.

– Depois desse seu romance inigualável, um encontro fantasmagórico como o nosso, agora, pode lhe servir de matéria literária, se você conseguir não fugir de mim! – ponderei. – Eu o admiro, e se as forças estranhas que me dominam permitirem, meus sentimentos por você não lhe causarão mal algum, nem vão ultrapassar os limites dados por você.

– Eu preferiria ser inspirado pelo que já existia dentro de mim, mas já que você parece não ser só uma alucinação, vamos aproveitar o insólito!

Falamos pelo que me pareceu uma eternidade, e eu cantei-lhe as mais belas baladas francesas, encantada de ainda ter uma voz sonora e maviosa. Depois, vendo sinais de que ele já capengava de sono, enquanto a madrugada exibia os primeiros tons de claridade, pensei que talvez conseguisse voltar para casa. Mal me ocorreu pensar assim, e a cabeça, a minha, com um movimento autônomo lançou-se de volta aos ares, assim como viera. Quis acenar um adeus para o meu novo amigo, mas só uma despedida gritada o alcançou.

Não sei como atravessei de novo as telhas e o teto, mas cheguei ao nosso colchão, onde meu marido continuava adormecido. Ajustei-me ao meu próprio pescoço e pam! Era eu mesma, sã e salva, inteirinha! Exausta, adormeci, na mesma posição em que estivera antes de voar.

Quando acordamos, descerrei minha noitada ao companheiro.

– Que pesadelo, meu bem, essas suas pontadas andam perturbando seu sono. Você pensa que é uma Iyami, a feiticeira iorubá, ou uma cabeça makurap? Andou ouvindo muita história dos seus índios?

Em vão tentei convencê-lo de que não sonhara e mostrei-lhe os respingos de sangue.

– Ah, os pernilongos nos comem toda noite! – respondeu.

Nossa rotina continuou igual, seguiram-se algumas noites sossegadas, amorosas. Eu rememorava o que se passara e ia anotando num diário manchado de vermelho. A única diferença marcante é que, quando eu cozinhava, o que fazia muito bem e com muito gosto, passei a temperar a comida não apenas com sal, alho e cebola, mas também com gotas de sangue. Fazia um pequeno corte no dedo, e quando ninguém estava olhando, deixava pingar na panela. Não sabia por que fazia assim – era para dar mais sabor? Era um novo instinto que surgia.

Alguns dias depois, as aguilhoadas retornaram ainda mais possantes, logo depois que adormecemos. Eu já esperava, e num sobressalto, julguei que poderia matar a saudade do meu escritor, em quem estava pensando dia e noite, mesmo quando próxima de meu marido.

Quando a cabeça começou a flutuar, não tive o mesmo espanto. Até brinquei e contribuí para o voo, meneando a cabeça como quem pilota uma canoa em zigue-zague, mirei contente a terra longínqua e as luzinhas semelhantes a pedras preciosas vistas do avião. Fui sendo impelida, julgo que atravessei o Atlântico com a velocidade de um astro pequeno e entrei numa cidade desconhecida, aparentemente medieval. Fiquei com pena, queria tanto rever meu escritor. Mas a arquitetura era encantada, no silêncio da penumbra as ruelas estreitas pareciam cantar em coro com alguns boêmios abraçados, no sem-tempo de andanças despreocupadas. Entrei não sei como numa velha casa de pedra, antiquíssima. Seria Poitiers, um lugar que amo?

Dessa vez me vi numa cozinha com longa mesa de madeira, fogão a lenha, belas panelas penduradas e outras em uso, e apesar do ambiente de época remota, tudo que há de mais moderno como aparato culinário. Um homem sentado preparava-se para saborear o que, fiquei logo sabendo, ele mesmo preparara com requinte. Julguei reconhecê-lo: não seria Roland Oliveira, o grande viajante mestre-cuca, com quem uma vez compartilhei uma conferência em Saint-Malo? Naquela vez, fiquei sob o domínio de seu charme galanteador, e o mesmo humor infiltrou-se nas fibras da minha sensibilidade, tão restrita agora ao meu cérebro. Eu tinha todos os seus livros de viagens, nas quais ele aprendera os pratos mais exóticos ou banais, elaborados com um esmero de tias e bisavós dedicadas à família. Nossas falas, quando o acaso nos juntou num festival, tiveram todos os condimentos das grandes amizades.

Na mesa, dez tigelinhas diferentes, com iguarias cada qual de uma cor, davam água na boca instantaneamente. Antes mesmo de cumprimentá-lo, quis experimentar alguma coisa. Vi um caviar iraniano, como só comi em Isfahan, a das rosas de Leconte de Lisle ("Les roses d'Ispahan, dans leur gaîne de mousse...") em um verão distante de calor insuportável e cardápio refinado. Voei de língua de fora – como engolir? Lambi e queria mais. Nisso ouvi um berro. Roland estava apavorado com a visão de uma cabeça gulosa. Fui obrigada a interromper meu repasto, para me apresentar novamente – era eu a mulher que ele conhecera e admirara, há alguns anos, seria normal que não me reconhecesse no primeiro momento. Creio que já estava tão habituada à minha condição noturna, que não percebi que o horror estampado em suas feições não vinha de não se lembrar de mim, mas do pânico diante de algo impossível.

Custei a acalmá-lo. Só minha gula me fez inventar estratagemas, pois ele queria fugir, e fui obrigada a ameaçá-lo com mordidas, enquanto ele buscava uma borduna. Não me intimidei, e avisei que era imortal, por ser irreal, que era como as cabeças da Hidra de Lerna, e melhor seria fazermos um armistício. E propus que ele me desse de comer com uma colherinha e conversássemos como antigamente, que eu o faria ainda mais famoso, levando a plagas distantes notícias de sua arte, experimentada por alguém a quem tantos sentidos faltavam, ou se existissem, o que me parecia o caso – olfato, gosto, audição, tato, olhar, tudo eu tinha – estavam concentrados em uma só parte do corpo humano, uma das principais, pois sobrevivia sozinha. Prometi que iria embora, e passamos uma noite agradabilíssima. Alimentou-me, orgulhoso de seus molhos picantes, pedacinhos au gratin, funghi ao alho e óleo, nero di seppia siciliano e dezenas de outros acepipes que apareceram como que por milagre para meu deleite. Nosso encontro pacífico, propôs, precisava ser celebrado com os melhores vinhos – e foi me explicando o que trouxera do castelo dos papas de Avignon. Ao mesmo tempo, fomos desfiando as nossas vidas, venturas e desventuras, como velhos amigos. Uma pena que meus dedos, supostamente ainda dedicados a carícias ao cônjuge doméstico, não pudessem garatujar no papel ou dedilhar na tela de um computador as narrativas espontâneas e profundas que oferecemos um ao outro.

Restava investigar o mistério do destino da minha mastigação e dos goles generosos que traguei, demonstrando grande conhecimento da qualidade da bebida. Para onde iam? Como digeria? Nada caiu, e meu pescoço continuou impecável. Até pedi a meu anfitrião que tentasse me oferecer um colar ou um par de brincos. Ele consentiu com alegria, apertando bem o primeiro, para que eu não perdesse. Os pingentes dourados passaram a ser a minha glória, fio de prumo na minha trajetória alada.

Antes do amanhecer, eu empreendi viagem, confiante no vento inaudível que me faria voltar ao lar. E lá cheguei, como da outra vez, sem que ninguém tivesse percebido a minha ausência.

Terceira escapada

Outra vez confiei no pai dos meus filhos, e nada omiti, nem mesmo a atração que senti pelos novos amigos – aliás, quaisquer que fossem meus impulsos, seriam confinados à cabeça, sem dar vazão ao corpo. Deste eu parecia não ter qualquer memória sensorial quando o abandonava, o que me intrigava: meu corpo não era eu mesma? Eu me lembrava que numa das línguas que falo, "eu" e "corpo" são uma só palavra.

Pela segunda vez, tudo que contei pareceu ridículo ao meu marido. Nem sequer acreditou que os brincos e o colar novos fossem provenientes de outro domínio. Ele só ficou um pouco preocupado por julgar que se tratava de um sonho recorrente – eu estaria virando maníaca? Na nossa vida em comum, no entanto, nada observava de anormal, e desprezou as fantasias esquisitas dos meus sonhos. As semanas retomaram o tom tranquilo da felicidade conjugal.

Eu vivia, porém, entre o medo e o desejo, atiçada pela curiosidade sobre a aventura seguinte da minha cabeça. O tempo parecia longo, nas atividades repetidas do dia a dia.

Até que, de repente, mais uma vez fui lançada aos ares. Mal pude olhar ao longe a Terra, e estava entrando numa casa baiana. Procurei não fazer barulho, e fui atraída pelo som de um conjunto musical. Um quarteto de viola, violão, flauta e piano acompanhava um belo cantor negro, de cabelos inteiramente brancos, com voz forte, que dançava ao cantar e entoar uma espécie de história. Postei-me bem quietinha atrás de um abajur e prestei muita atenção na cantiga. Teria caído de costas, se as tivesse! O que eu ouvia era nada mais, nada menos que a "História da cabeça voadora". A minha! Só que a versão era a Cinta Larga, que admite uma sexualidade bem estranhinha para a cabeça.

Eu era agora como Ulisses chegando ao palácio de Nausícaa e ouvindo a própria história contada pelos bardos. Só que a minha, a de verdade, não chegara ao fim... E percorreu-me um calafrio de pavor.

Numa pausa, eles me viram. E me aplaudiram, quase sem susto, ou talvez pensassem que eles é que me tinham feito nascer! Retruquei cantando algumas das estrofes que acabara de ouvir, e que, por milagre, já sabia de cor, tendo aprendido letra e melodia em poucos minutos! Minha voz era bonita, em geral. Eu era bem afinada, tinha um estilo inconfundível, um timbre especial. Não era incrível que, sem peito ou pulmão, nem mesmo garganta, a voz continuasse a mesma?

O quinteto e eu nos enturmamos como colegiais alegres. Não paramos mais. Modinhas, lundus, sambas, valsinhas, cantigas sefaradis, todos os séculos e gêneros foram nossos. Eles bebiam, pedi que me abastecessem e aproximassem o copo dos meus lábios. Foi sem dúvida a melhor noite, a mais divertida.

Nem sei como cheguei em casa, bêbada e inconsciente. Estava aprendendo a trair direitinho o lar, porque, ainda essa vez, nada ou ninguém me denunciou.

Fuga inacabada

Uma manhã, expressei ao amado meus sentimentos ambíguos. Cético, ele me aconselhou a escrever os sonhos, pintá-los, como forma de pisar no chão real, concretizar as aparições tormentosas para desfazê-las. Eu afirmava que minhas viagens eram tão verdadeiras quanto nossa vida comum. Acabamos brigando, o que era raro – nosso afeto era pautado pela harmonia. Bem brava, eu o desafiei: – Pois ponha o despertador todas as noites e verá se estou ao seu lado!

Ele achou absurdo, e eu, teimosa, adotei o sistema de marcar o relógio para umas três da manhã. Nada aconteceu, além do dissabor daquela interrupção tilintando em plena noite. Insisti, sem muita regularidade. Ocorreu-me que talvez estivesse provocando poderes divinos. Não havia a história do rei Pururuvas, casado com a ninfa Urvashi, que a perderia se a visse nua? Um dia a surpreende, em plena luz, e ela o deixa para sempre. Há também Eros e Psiquê; ela não poderia vê-lo jamais, mas não resiste ao desejo de conhecer o rosto do amado, acende uma vela, cai um pingo de cera que o acorda – ele a enxerga, para desaparecer em seguida. Meu marido ria, dessa vez sem brigar. Eu vivia no mundo da lua, de tanto ouvir e contar histórias, dizia.

Meses depois, quando as saudades das noitadas estavam ficando insuportáveis, fui acometida pelos comichões familiares e arremessei-me aos céus. Mas não consegui chegar a destino algum.

Nas alturas, fui atordoada por um sufoco e uma escuridão mortais. Faltou-me o ar, tudo doía, era como se o peso da Terra inteira caísse em cima de mim. Percebi que a cabeça (ou seja, eu) retornava à casa. Mas meu corpo na cama desaparecera. Compreendi num átimo o que se passara, e toda a família ali reunida o confirmou, horrorizada ao me ver.

A campainha do despertador tocara, pouco depois da minha saída, e meu marido comprovara, então, a veracidade da minha narrativa. Meu corpo sem cabeça, com um resto ensanguentado de pescoço, o abraçava. Ao se dar conta da mulher que tinha, gritou de repulsa e pavor, chamou quem conseguiu, e sem mais, levaram-me a um cemitério e me enterraram. Isso havia sido há uns dias – pois minha viagem, que parecia de horas, durara um tempo muito maior.

Minha cabeça, de volta, não tinha mais para onde ir.

As lágrimas escorriam, as minhas e as do meu amado, cujos olhos esbugalhados demonstravam o terror que eu causava.

Eu estava desnorteada. Não havia mais corpo ao qual me colar. Fiquei rondando, voejando atrás do meu homem, tonta. Quando ele se despiu para um banho, aproveitei a ausência de panos e voei para o seu ombro, grudei-me a ele, ao lado da sua cabeça. Era meu pouso, eu e ele nos tornamos uma só pessoa, como havíamos sido no amor. Descansei, aliviada.

Para ele, passei a ser um tormento sem fim. Onde quer que fosse, amedrontava a todos. Eu comia tudo que ele ia pôr na boca, tão grande meu apetite, e ele foi emagrecendo. Um cheiro pavoroso exalava do meu pescoço, da comida não digerida, pois não havia estômago. Ele recitava Paul Éluard, no poema escrito quando perdeu a mulher mais amada, "Nusch aux seins parfaits": "Mon amour si léger prend le poids d'un supplice."[1]

Desolada fiquei quando num acesso de desespero o homem de quem agora eu era parte, parasita a sugar sua seiva, chamou-me de Txopokod, monstro fantasmagórico, aparição malévola dos Makurap, povo indígena de Rondônia, grandes amigos meus. Eu antes tão amada e mimada era agora aparição temida, de quem ele queria libertar-se?

Assim fomos vivendo, e eu tinha que ficar atenta, pois ficava claro que o que ele mais desejava era cortar-me de si.

Engodo

Meu marido procurava enganar-me. Impedia que eu comesse seu alimento e jogava aquilo de que mais gostava a alguma distância, para me soltar dele. Era obrigada a despegar-me de seu ombro, comer e voltar correndo.

Uma vez, tendo lançado iscas para minha gula, ele fugiu tão depressa que fiquei abandonada num riacho bem longe de nossa casa. A muito custo consegui voltar, horas e horas depois. E quando o encontrei, meu espanto foi imenso.

Eu estava a ponto de assentar no meu ninho, ao lado da familiar cabeça masculina, quando vi que ele se cercara... Como seria possível? Como os descobrira? Minha face empalideceu de vergonha. Ao lado dele, estavam os meus três anfitriões, os três homens que haviam me encantado nas noites fora de casa, quando eu estreava minha vida só cabeça, uma cabeça sensual e cheia de desejos. Olhei-os – não riam, expressavam piedade, carinho, mas nenhuma vontade de me acolher. Eu me via obrigada a decidir em quem me colaria, única forma de sobreviver e não ser uma cabeça sozinha e esfomeada. Os quatro sabiam que era o que ia acontecer, adivinhavam que eu estava refletindo e pesando as qualidades de cada um. Não sabia de quem gostava mais. Nem qual deles, ao longo do tempo, mais me aborreceria.

Enquanto hesitava, ora me aproximando mais de um que de outro, eles, a um sinal combinado, escafederam-se, um em cada direção. Fui incapaz de ir atrás, não sabia a quem privilegiar, e lá fiquei, jogada ao chão, chorando sem parar.

O bacurau e a reconciliação

Tempos depois, morrendo de fome, senti que algo se transformava na minha cabeça. Eu criava penas amarronzadas. Passando por um espelho, vi que era outra – de corpo inteiro, cabeça, pés, asas, peito, coberta de plumas –, não era gente, era um bacurau, um pássaro que assusta as crianças, que só come insetos, mas tem fama de chupar sangue. Agora eu sabia voar. Agora não era mais um pedaço de um ser que fora inteiro.

Caminhando pelo chão ou voando não muito alto, fui atrás de meu marido, à noite. Biquei sua janela, e depois de muita insistência ele abriu.

– Não me enxote, sou sua mulher, que ainda o ama, venha comigo para os céus, para o reino dos meus parentes bacuraus, que vão fazer você esquecer qualquer tristeza.

Ele tentou fechar a janela e me expulsar, mas fui lembrando tudo o que havíamos vivido antes, com tal doçura que ele se deixou enredar. Ensinei-o a voar, cedi-lhe plumas, e como ele ainda não estivesse muito hábil na nova arte, subimos por um cipó ao país onde agora eu tinha uma família, a dos bacuraus. E é assim que agora estamos, olhando a terra do alto, anunciando, quando piamos, que algum acontecimento sinistro ameaça os seres humanos.

Fico perplexa: por que o papel de mau agouro nos é reservado? Que culpa tive eu, se não me foi dado voar de corpo inteiro, se me segmentei? Por que passei a ser sobrenatural, indesejada? Meu comportamento seria virtuoso se me aventurasse inteira e sem volta a tantas outras plagas amorosas? Minha vida voejante me deu muito prazer, assim como a doméstica – e ambas teriam sido ainda melhores se eu não me despedaçasse. Invoco os bacuraus: eles, meus soturnos parentes atuais. Castigam os humanos, com seu excesso de regras e proibições.[2]

Notas

[1] "Meu amor, tão delicado, me pesa como um suplício"; sugestão de Eliane Robert Moraes.

[2] Essa brincadeira ficcional parte do mito da cabeça voraz, em suas versões makurap, tupari, arikapu, djeoromitxi, aruá e outras, narradas por pessoas nascidas na floresta antes do contato com não índios. Foram ouvidas e registradas por mim nos seguintes livros:

Betty Mindlin e Narradores Makurap, Tupari, Wajuru, Djeoromitxi, Arikapu e Aruá, *Moqueca de maridos*, 3. ed., Rio de Janeiro, Paz e Terra, 2014. Traduzido para o inglês como *Barbecued husbands*, Verso, 2002, também para o francês, alemão, italiano, espanhol, além de publicado em Portugal; *Tuparis e tarupás*, São Paulo, Edusp/Brasiliense/Iamá, 1994; *Mitos indígenas*, São Paulo, Ática, 2007.

O tema da cabeça voadora existe em muitos povos das Américas. Ele serviu de inspiração a grandes escritores, como Mário de Andrade e Ted Hughes, e foi analisado por Claude Lévi-Strauss.

Um voo livre

Não desgrudo os olhos de minha mãe, sofro quando ela sai, detesto ficar longe. Ela é tão bonita, tão quentinha. Estou crescendo depressa, já bato na cintura dela. Sou um menino forte, sei fisgar peixinhos, os menores, consigo fazer fogo, carrego tigelas de água. Quando minha mãe me chama para coletar frutos silvestres em sua companhia, meu gosto é mirar sua tanga *masakana*, pequena, tecida por ela, cobrindo apenas o púbis. Dentro de casa ela tira essa roupa, que é a única usada por nossas mulheres, além de um pano curto pendurado nas costas. Despojada, nua, sua beleza é realçada, os cabelos pretos caindo nos ombros morenos até o meio das costas.

Eu me aproximo, passo a mão em sua perna, sinto a pele suave, levanto os braços para pedir colo e ela me pega.

Meu pai foi caçar e vai ficar fora muitos dias. Os pássaros fogem de nossas cabanas, ele tem que andar muito e não me leva junto. Não me incomodo, aqui dentro de casa com minha mãe é que estou feliz. Ela não para de trabalhar. Abaixa-se para varrer o chão com a vassoura de folhas sem cabo, só com galhos amarrados, ou para mover as panelas, para mexer a sopa no fogo. Eu ando atrás, e a cada movimento seu vejo a fenda escura; dizem que é daí que eu vim, antes vivia nadando lá dentro. Ai, que vontade de voltar! Eu queria olhar melhor os pedacinhos lisos em torno da passagem, pôr a mão, mas estão sempre escondidos quando ela está de pé. É o que eu já vi de mais maravilhoso na vida. Não quero mais nada.

– Mamãe, eu gosto é daquilo, é o que eu quero! – gritei e apontei para o seu corpo.

Minha mãe sempre quer me agradar, aflita quando eu choro. Vem me trazer tudo que é bom de comer: peixinhos, cogumelos, frutinhas, mariscos. Estou com fome, mas não é isso que quero. Se eu aceitar, ela não vai entender! Virei a cara, atirei as guloseimas no chão.

– Mãe, quero aquilo! – berrei como quem está morrendo.

Ela ficou desesperada. Foi buscar umas conchas lindas, plumas coloridas, enfeites, um gorro de pele de guanaco. E mais: uma faca de osso de baleia, cobiçada por qualquer menino, passarinhos vivos para eu criar, mais um cachorrinho! Bem que eu estava doido para pegar tudo, cestos, pedrinhas roliças, mas não vou ficar satisfeito! Torci o nariz.

– Mamãe, quero aquilo! Quero essa coisa! – eu chorava tanto que era como se estivesse apanhando de alguém.

Ela pôs-se a pensar, não sabia o que fazer, imaginou alguma doença me atingindo. Atrapalhadíssima, quase chorando, algumas lágrimas escorreram. Tanto fez para me acalmar, que ficou exausta. Foi deitar, relaxou, parecia dormir. Eu também, no meu canto, fingi que adormecera, mas espiava com o rabo do olho.

– Mamãe, quero aquilo! Quero aquilo! – recomecei.

Como ela cansa com meu berreiro! Fiz silêncio, com pena dela. Achando que eu estava dormindo, ela levantou, procurou suas cestas, murmurando para si mesma: “Vou à praia buscar mexilhões”. Saiu precipitada, nem repôs a *masakana*.

Com a cesta nos braços, deixou a nossa cabana. A poucos passos, deu com uns mexilhões bem grandes. Agachou-se e juntou-os na cesta. Sentado na cama, eu a contemplei pela abertura da casa. De cócoras para catar os moluscos, de costas para mim, a visão do que tem entre as pernas era uma delícia. Levantei-me num impulso, pintei de preto, com pó de carvão, a cabeça, o rosto, o peito. As pernas cobri com *imi*, uma terra vermelha para pintura. Enfeitado, corri para a praia, ao encontro de minha mãe. Passei por outras mulheres curvando-se na areia para juntar os bichinhos. Eu as via por trás, exibindo, ao ciscar o chão, na mesma posição que minha mãe, o túnel semelhante ao dela, mas não me deu vontade de apalpar nenhuma.

Fui adiante, cheguei pertinho de minha mãe, distraída com sua tarefa. Ela se esquecera de vestir a tanga; pus as mãos no que me atraía... Como é bom brincar nesse lugarzinho! Gostei muito, muito, e ela deixou. Ah, alegria! Lá estava o que eu quero! Parecia estar me chamando!

– Mãe, mamãe, é isso que eu quero, essa coisa! Aqui, onde estou tocando! É gostoso puxar, como é bom brincar no mel! Não me mande embora, agora estou feliz, você também está, dançando nas minhas mãos!

– Vem gente, as outras mulheres vão nos ver, melhor fugirmos! – ela sussurrou. Minha mãe e eu corremos para o rio e entramos em nossa canoa. Fomos para uma ilha pequena, deserta, onde ninguém costumava ir. Eu a abracei, deitados os dois, parece que fiquei maior, eu mesmo entrando dentro dela, cresci numa parte de meu corpo, ficamos unidos, nunca mais íamos nos desgrudar, só nós dois... Quanto tempo passou, eterno? O sol foi se pondo. Além da lança afundada nas reentrâncias de minha mãe, fui sentindo asas crescerem nas minhas costas de criança. Percebi que roçavam as de minha mãe, novidade em seu corpo, nossas bocas tornaram-se bicos unidos. Desde então, podemos voar sempre juntos, somos lindos gansos-bravos, pousamos nas rochas, olhamos as cabanas onde há pouco morávamos.

Divisamos meu pai quando voltou da caça. Procurou-nos aflito, tristíssimo por não nos achar, perguntando por nós. Meus tios apontaram para minha mãe voando comigo, dois pássaros na quietude da praia, jamais vistos antes, somos os primeiros gansos selvagens do mundo. Meu pai sabe que somos amantes e que nos perdeu para sempre, tenho a coisa que eu quero.

Esse mito tão explícito sobre a realização do grande desejo de meninos pequenos do mundo inteiro provém dos Yamana, também denominados Yaghan, um povo da Terra do Fogo, cuja população é pequena na atualidade, e não mantém mais a vida comunitária anterior, massacrados que foram desde o final do século XIX, expulsos de suas terras, assassinados, extintos por doenças. A narrativa anterior é uma livre recriação de um mito registrado e escrito por um missionário católico alemão, Martin Gusinde, da Congregação do Verbo Divino. Entre 1918 e 1924, ele realizou quatro expedições, nas quais estudou, além dos Yamana, outros povos, como os Selknam e Alacaluf. Sua devoção religiosa em nada parece ter prejudicado o livre estilo ao transmitir a sexualidade sem freio de narradores e narradoras – sobretudo a de uma senhora respeitada na comunidade Yamana, Julia, de uns 55 anos, sua melhor fonte.

A obra de Gusinde é uma prova da importância do registro da tradição oral, quando bem-feito. Um século depois, um povo quase destruído aparece em toda a sua grandeza, pela voz grafada de alguns poucos artistas da fala. Outro povo próximo dos Yamana, os Selknam, conta com um verdadeiro monumento escrito, elaborado pela antropóloga Anne Chapman, no livro *Quand le Soleil voulait tuer la Lune*, baseado em fontes do século XIX e início do XX e em sua pesquisa com duas mulheres desse povo.[1] Quando tradições são esgarçadas pelas catástrofes da humanidade, ainda assim se pode conservar a imagem grandiosa de um ser anterior.

A verdade é que os mitos registrados por Gusinde, mesmo não sendo mais contados de viva voz, são para nós uma forte presença do imaginário indígena, uma obra rara, fiel ao que contaram os narradores. Desses mitos, 66 podem ser lidos em inglês, em uma antologia organizada por Johannes Wilbert publicada em 1977.[2] Pelo menos uns dez são magistrais, muitos de Julia, uma narradora marcante. Podem candidatar-se ao concurso do amor mais proibido do mundo.

Notas

[1] Anne Chapman, *Quand le Soleil voulait tuer la Lune*, Paris, Métailié, 2008.

[2] Johannes Wilbert (ed.), *Folk Literature of the Yamana Indians*, Berkeley/Los Angeles/Londres, University of California Press, 1977.

Aperitivo de mãe:
a origem dos donos de espingardas, os invasores

Se Freud ou Proust tivessem ouvido "A história da água grande" contada pelos velhos xavante, sempre a tomariam como exemplo para tecer comentários. Vale a pena ler a narrativa. Faz parte de uma coletânea de mitos e episódios históricos, belíssimo livro pioneiro quanto à autoria indígena e à tradução da língua original, *Wamrêmé Za'ra: nossa palavra – mito e história do povo xavante.*[1] Segundo os autores – narradores orais e tradutores indígenas, assessorados por duas pesquisadoras –, o conjunto é a verdadeira história, a "nossa palavra" xavante. Registrados na língua indígena, traduzidos para o português e escritos numa linguagem cuidada, artística, que preserva o ritmo e as formas características da aldeia, proporcionam uma leitura fluente, agradável, sedutora.

Alguns mitos do livro já haviam sido escritos por missionários salesianos,[2] numa edição dos relatos do ancião Jerônimo Xavante, mas na nova coletânea o conteúdo e o estilo dos autores xavantes de *Wamrêmé Za'ra* fazem deles contos extraordinários. A escrita é uma aproximação, como com razão afirmam os organizadores do livro indígena, uma das infinitas possibilidades de descortinar ou recriar a narração original, contada (e não escrita) num clima comunitário, ritual, com uma audiência especial, já familiarizada com o enredo, ouvido num cenário de beleza natural.

As leis de respeito aos direitos autorais não permitem reproduzir as páginas do livro, que são sem dúvida a melhor versão impressa da narrativa. É permitido, por outro lado, viajar por interpretações, recriar e dar sentido ao que o mito suscita em cada leitor(a). Uma das atrações dos mitos indígenas é que podem ser contados e reescritos de múltiplas maneiras e por muitas pessoas, não se esgotando em um livro ou em uma escolha. Façamos uma tentativa.

Mãe iguaria

"Que duro ofício é ser mãe, apesar do amor que tenho por meu filho, como me canso! Ele é exagerado desde pequeno: sugava meu seio com tal fúria, que a cachoeira de leite, suficiente para uns cinco nenês, saía misturada com sangue. Tive que proteger o mamilo com uma palha, como minha mãe me ensinou. Será que fui tão cruel com ela quando mamei?

Ele foi meu menino preferido. Cresceu comendo o que eu colhia de melhor na floresta, a carne assada trazida pelos homens, que eu misturava a gongos e palmitos, os cozidos de caça e peixe, o milho vermelho, mel, frutos. Para ele eu contava as histórias mais lindas, não o largava. Parei de amamentar e de ficar com ele no colo muito mais tarde que outras mães. Minhas filhas, nascidas antes, outras bem depois, não tiveram as mesmas carícias.

Adulto, que jovem atraente, guerreiro, dono de sonhos cobiçados – pois para nós os sonhos são propriedade de quem sonha, podem ser doados. No pátio, na roda dos homens, quantos cantos ensina e recebe em noites estreladas. Fico orgulhosa, encantada. Mas como é guloso! Agora está acampado com os companheiros, pescando e caçando, a boa distância da nossa aldeia. Todo dia manda um menininho me pedir castanhas. Aqui por perto há verdadeiros bosques de castanheiras, essas árvores altíssimas, isoladas umas das outras, que parecem conversar entre si, quase alcançando as nuvens. Vou atrás dos ouriços de castanha para o meu pidão. Não aguento mais, acabou o meu sossego, quero ficar com as mulheres, tecendo, enfiando colares, quero buscar argila para fabricar minhas panelas...

Os pedidos repetem-se há dias e dias, sem fim. Ele sempre manda dizer que é tão gostoso, por que há de parar? Argumenta que vai comer enquanto houver, depois encomenda mais, diz que eu vou buscar e encontrar, abarrotar os belos cestos que faço, vou ter prazer em dar gosto palpitante ao filho querido...

Mas não é bem assim, não, ele não percebe? De novo, de novo, de novo, vem reclamar?

Outra vez, menino, ele o mandou buscar castanhas? Por que não guarda para os outros dias, mandei tal quantidade! Chega, que desaforo! Não tenho tempo para minhas filhas, para os homens, para descansar e nadar nos rios...

Outra vez ele diz que está com fome? Que teimoso!...

Enfim, tome, leve, está aí, surpresa ele terá, estou exausta... Filho, você verá o meu dom! Não é isso que você queria, ó seu insaciável? Estrague tudo, aguente as consequências, já não sei ser firme..."

O povo é nômade, os homens continuam andando à procura de caça e frutos. O filho guloso está longe, em iniciação junto com os moços de sua idade, wapté. Vitorioso, ri quando recebe mais um embrulho das castanhas da mãe, vê que ela cedeu... Ele está entre dois companheiros rituais no círculo dos jovens, o da direita, com quem tem afinidade, e o da esquerda, de quem não gosta, que sempre escarnece do seu jeito de ser. Põe-se a mastigar as castanhas que acabaram de chegar.

"Como estão deliciosas, não enjoo, nem tenho mais fome, mas é impossível parar. Só mesmo minha mãe para colher umas tão substanciosas. Ai, o que é isso, estou engasgando, essa última castanha tem um sabor tão exótico, bom mas estranho, nunca provei! Ih, engoli, mas o que era? Pedrinha, grelo, mordi, amigos, como foi acontecer? É um pedaço dela, do clitóris! Ela cortou e me mandou, que recado é esse? É o que devo comer?"

Não demorou muito, a barriga do moço começou a doer e inchar, estava a ponto de arrebentar. O companheiro da esquerda batia nele com força, zombava. (Um rapaz ao iniciar-se tem sempre à esquerda quem não tem com ele afinidade, e à direita outro que é seu aliado desde pequeno.) "Viu no que deu, querer demais? Não sabe parar de comer? Boa lição a da sua mãe!"

Os homens, para não passar fome, retomaram as andanças em busca de fartura, como é seu costume. O Insaciável, imobilizado pela dor, não conseguiu ir junto. Sozinho, arrastava-se para ciscar no chão alguma semente para comer. A barriga crescia, os urubus rondavam ameaçadores. O pior foi a sede; contorcendo-se, alcançou um riachinho e sorveu água.

Enquanto isso, a família angustiada pensava em como estaria. O pai, arrependido de não ter esperado, mandou alguns jovens verificarem se ele já podia vir. Foi um espanto: ouviram um barulhão de água, de terra desmoronando. O solitário lá estava, mas não fez caso dos apelos. Quis ficar por ali – não tinham esquecido dele quando partiram?

O pai não se conformou e, passado um tempo, mandou os emissários mais uma vez em busca do moço perdido. Agora, mais se assustaram, ouvindo uma cachoeira, encontrando um rio caudaloso, correndo entre barrancos. Nem conseguiram abraçar o companheiro. Do outro lado das águas, ele acenava, avisando que ficaria ali para sempre. Ao seu lado, uma linda mulher – já tinha esposa. Ela queria receber os visitantes, mas ele os enxotou.

O pai, tristíssimo, insistia sempre para que o trouxessem. Até que resolveram ir todos. Já com filhos e outras mulheres, dessa vez o Comilão consentiu em recebê-los, desde que o deixassem tocar a nuca de cada um. Ia molhando com as mãos o pescoço dos parentes, e ao toque os cabelos dos homens cresciam, ficavam compridos como são hoje os dos Xavante. Cuidou muito do companheiro da direita, seu amigo. Mas no que o agredira pingou cera quente na cabeça e o infeliz saiu pulando, pulando, virou sapo dentro do açude.

A família não podia ficar, foi embora pesarosa. Meses depois, nostálgica, fez mais uma tentativa. Para perceber que o rio aumentara demais, as águas eram um rugido feroz, a outra margem se afastara, tão distante que mal dava para ver e ouvir o comedor de castanhas. Este avisou que nunca mais faria andanças ou mudaria de lugar, suas raízes ficariam plantadas ali. Era possível ver que estava cercado de filhos, agora tinha roupas, que os Xavante não conheciam antes… Manejava armas de fogo e demonstrou aos seus, de longe, como funcionavam.

"Meu povo é outro agora, não vocês, tenho outra terra…"

Nunca mais voltou.

Assim apareceram os Donos das Armas de Fogo, os seres que muitos chamam de "Brancos" e que viraram os tomadores das terras dos Xavante, são os invasores inimigos.

Escreveram os salesianos (sem o pudor que deles se esperaria), grafando a voz do velho Jerônimo, que as mulheres do Guloso, graças às quais dele descendeu um povo, foram feitas dos fragmentos da iguaria de mãe que ele recebeu, o mais precioso sítio do corpo materno, o ninho do prazer supremo daquela de quem ele nasceu.

Ninguém explicou por que de tanto sexo ofertado e incorporado, arrancado, exigido pela devoração, transgressor do grande interdito entre mãe e filho, mutilação multiplicada em descendentes femininos e gerações seguintes, originou-se o povo dono da tecnologia, da destruição do outro, do abuso do poder, aniquilador das grandes águas que com ele se criaram.

Como descobrir a liberdade erótica?

Notas

[1] "Öwawê wai Wasu'u", "História da água grande", em Sereburã et al., *Wamrêmé Za'ra: nossa palavra – Mito e história do povo xavante*, trad. Paulo Supretaprã Xavante e Jurandir Siridiwê Xavante, São Paulo, Editora Senac São Paulo, 1998, p. 71. Ângela Pappiani e Cristina Flória coordenaram a produção do livro.

Publiquei uma resenha do livro, em Betty Mindlin, "Novas Histórias de uma antiga tradição", *O Estado de São Paulo*, Caderno 2, 21 nov. 1998, D6.

[2] Bartolomeu Giaccaria e Adalberto Heide, *Jerônimo Xavante conta*, apres. Egon Schaden, Campo Grande, Museu Regional Dom Bosco, 1975.

Bravas mulheres

Em *Brava gente brasileira*, o filme de Lúcia Murat, os índios aparecem em toda a sua grandeza. Já existiam, felizmente, muitos bons filmes sobre índios no Brasil. Basta lembrar *Como era gostoso o meu francês*, de Nelson Pereira dos Santos (1971), *Uirá, um índio em busca de Deus*, de Gustavo Dahl (1973), *República Guarani*, de Sylvio Back (1981), *Terra dos índios* e *Avaeté*, ambos de Zelito Viana (1979, 1985, respectivamente), *Brincando nos campos do Senhor*, de Hector Babenco (1991), *Hans Staden*, de Luis Alberto Pereira (1999) e outros. Todos são dramáticos, violentos, e não à toa, pois é o retrato do que os europeus e em seguida o Brasil fizeram com os povos indígenas.[1]

O filme de Lúcia Murat está entre os melhores, um épico, evocando os americanos como *Pequeno grande homem*, de Arthur Penn (*Little Big Man*, 1970) e *Um homem chamado cavalo*, de Elliot Silverstein (*A Man Called Horse*, 1970). Emociona e mantém o suspense o tempo todo, com atores, fotografia, música, paisagens, cenários de alta qualidade, montagem inventiva. Ficção muito bem documentada, passa-se no final do século XVIII, no Forte de Coimbra, Mato Grosso do Sul. Os Kadiwéu, descendentes dos Guaicuru, protagonistas da história, magníficos cavaleiros, são atores no filme, falando sua língua, o que confere aos índios um certo caráter de autoria e cria o tom de mundo estranho que o espectador tenta entender, como se fosse um viajante ou antropólogo chegando às aldeias.

Mas a grande novidade é o final: pelo menos uma vez, uma vitória inesperada dos índios e, em particular, das mulheres.

Uma das grandes e terríveis cenas do filme é a do estupro e massacre pelos portugueses de um grupo de mulheres Guaicuru, surpreendidas num banho idílico no paraíso da floresta, quando riam, brincavam e mergulhavam na inconsequência lúdica e na alegria que marcam a vida comunitária. É assim mesmo estar entre os índios: a qualidade de erotismo, leveza, desejo de prazer é o que mais toma quem tem o privilégio de conhecer o convívio na floresta. É trágico pensar que a humanidade, ao entrar em contato com um modo de ser poético, artístico, inusitado e desconhecido, se oriente para consumir e se apropriar, destruindo, em vez de fruir, preservar, participar. O quadro é magistral, percorre a beleza e o horror máximos.

Sendo uma ficção histórica, o enredo não precisaria necessariamente seguir os fatos, mas é muito bem documentado. Os Guaicuru ou povos aparentados, e principalmente os Kadiwéu, contam com muitos estudos importantes. Houve missionários tentando a catequese dos Mbayá-Guaicuru, como Dobrizhoffer e Lozano ou o jesuíta Sanchez Labrador, este por volta de 1760, no rio Paraguai. Félix Azara, comandante das fronteiras espanholas no Paraguai de 1781 a 1801, escreve sobre eles. Herbert Baldus, um dos bons antropólogos brasileiros, considera que o relato de Francisco Rodrigues do Prado, comandante do Forte português de Coimbra, datado de 1795, é a obra sobre índios mais importante em português no século XVIII. É desse relato que é extraído o final do enredo, quando as mulheres vencem os portugueses pela sedução, bando de Judiths com Holofernes – o que alguns antropólogos ou indigenistas acham inverossímil, porque as mulheres são bens preciosos para os índios –, mas trata-se de um documento histórico, e fazer cinema com o que está esquecido é um achado, lança uma nova luz sobre os índios, que deixam de ser os derrotados de sempre; dão o golpe de mestre, invertem o ataque. Parece que há outros episódios no Brasil, segundo Lúcia, em que as mulheres indígenas usam suas armas específicas à moda das Guaicuru.

Outra referência importante sobre os Guaicuru é um relatório de Ricardo Franco de Almeida Serra, major português, no início do século XIX. No juízo de Darcy Ribeiro, é etnocêntrico, mas exibe outras atitudes do colonizador europeu, ao amar uma mulher indígena. Há um posto e uma terra indígena belíssima, na fronteira com a Bolívia, hoje denominados Guaporé, que receberam o nome de Ricardo Franco; é onde vivem remanescentes de oito povos indígenas, entre os quais os Makurap, Tupari, Jabuti, Aruá, Ajuru, Arikapu.

Francis Castelnau encontrou os Guaicuru por volta de 1850; a *Viagem filosófica* de Alexandre Rodrigues Ferreira tem desenhos deles. No começo do século XX, Vojtěch A. Frič continuou o trabalho do etnólogo Guido Boggiani, concentrando-se na religião e na mitologia Kadiwéu.

Pelos Kadiwéu passou Lévi-Strauss, em 1936, e Kalervo Oberg em 1947. O estudo mais completo é o de Darcy Ribeiro, *Kadiwéu*. Depois dele, outros estudiosos os viram, como Glyn Griffiths e sua mulher Cynthia, no fim dos anos 1960, e Sonia Rosalie Buff Chevalier, em 1974.

O livro mais usado por Lúcia Murat foi o de Guido Boggiani, que visitou os Kadiwéu em 1892, e ao deixá-los foi assassinado por um índio Chamacoco. Boggiani reproduziu as pinturas de corpo dos Kadiwéu, que tanto impressionaram Lévi-Strauss, com sua assimetria e complexidade. Na ficção de Lúcia Murat, o personagem português Diogo de Castro e Albuquerque, iluminista influenciado pelas ideias de Rousseau, é quem escreve um livro, ilustrado com as pinturas de corpo, aqui reinventadas. Quando Darcy Ribeiro levou o livro de Boggiani aos

Kadiwéu, estes se reconheceram e consideraram Darcy um parente de Boggiani, portanto membro especial do povo. O filme acaba com uma velha Kadiwéu recitando em língua indígena e folheando o livro do português, como se a história estivesse acontecendo.

Uma grande qualidade de *Brava gente brasileira* é a de não ser maniqueísta, nem se deixar levar pela imagem do Bom Selvagem, apesar de invocar Rousseau. Impiedoso com os colonizadores, como deveria ser, mostra os índios como são, como grandes nações, espantosos, mas também com traços que nos chocam.

Os Kadiwéu, descendentes dos Guaicuru, são, como descreve Darcy Ribeiro, um povo com características e mentalidade senhoriais. Tinham uma estratificação social que era quase a instituição da escravidão, embora tratassem melhor os escravos que os europeus, e tivessem com os povos submetidos relações de vassalagem, nem sempre se apropriando dos vassalos como escravos. Havia entre eles os senhores, chamados capitães, e suas mulheres, as donas, os soldados, e por último os escravos que faziam o trabalho agrícola e serviçal. Os vassalos Guaná, dos quais os Terena são um subgrupo, falantes de língua do tronco aruak, eram um dos povos relativamente submetidos – nem sempre escravos, nem sempre incorporados aos senhores, continuando a vida nas próprias terras, com obrigações especiais para com os Kadiwéu.

A mitologia dos Kadiwéu já exibe a crença do povo na própria superioridade. Há dois demiurgos, criadores: Gô-noêno-hôdi e Caracará. O primeiro, generoso, solar, trazendo a abundância, propondo a eternidade aos homens; a vida fácil, sem trabalho, mel ao alcance das mãos em cabaças, roupas que podiam ser renovadas com uma sacudidela, mandioca e banana crescendo em dois ou três dias. O segundo, maldoso, arrumando confusão, pedindo ao companheiro os muitos males que temos hoje. Caracará mostra ao primeiro que a facilidade não servia, não se podia ver quem era trabalhador, quais mulheres faziam suas tarefas com perfeição; e Gô-noêno-hôdi deixou-se convencer, fazendo surgir o esforço e o trabalho. Caracará faz o companheiro originar a morte; quando a própria mãe morre, se arrepende, mas então, em vão, a morte passa a existir. Caracará é o *trickster*, o malandro, o safado, mas também traz coisas boas. Foi ele que pediu a Gô-noêno-hôdi a criação dos Kadiwéu – toda a humanidade já estava criada, a terra já distribuída, e então os criadores dão aos Kadiwéu o direito de roubar os outros, de fazer a guerra, lhes dão a superioridade pela força, não pela astúcia. Daí a tendência ao domínio de outros povos, ao saque, à estratificação social, à guerra, anterior ao contato com os europeus. A guerra existe em quase todos os povos indígenas, mas aqui um pouco diferente: é a guerra para roubar gente.

Característica que diferencia muito os Kadiwéu de outros povos, e que aparece no filme, é o crescimento populacional pelo roubo de crianças e escravos, mais que pela reprodução. Recorriam muito ao aborto e ao infanticídio. Cronistas, como Almeida Serra ou Prado, mostram que 10% da população era Guaicuru, os outros vinham de fora – as mulheres recorriam ao aborto ou tinham poucos filhos, um ou dois, ou por causa da vida nômade, ou para conservarem seus homens que as deixam de lado durante a gravidez e amamentação ou sabe-se lá por quê. Feministas sem anticoncepcionais, pílulas, camisinhas ou outros métodos, usavam aborto e infanticídio, atos que condenamos segundos os conceitos de direitos humanos atuais (sendo que o aborto é uma discussão mais complexa e em aberto na modernidade).

Outro traço cultural específico dos Kadiwéu/Guaicuru, talvez de alguns outros poucos povos, é a existência dos "cudina", os homens com papel de mulher.

Darcy Ribeiro escreve que, segundo suas observações, os Kadiwéu têm duas formas de nominação, que vão determinar a personalidade de quem recebe o nome. Na primeira, formam-se os homens guerreiros, belicosos, sempre criando confusões, trabalhando pouco, mandões, violentos, irrequietos. Na segunda, os que são pacíficos, doces, dedicam-se ao trabalho agrícola, aos serviços em geral, laboriosos, excelentes pais de família. Cabe aos pais escolherem qual dos dois gêneros de nomes querem para a criança que nasceu. Entre os pacatos estão os "cudina". A pressão social e os padrões educacionais vão forjando a personalidade com os traços esperados. Darcy observou uma correspondência muito estreita entre os nomes e a personalidade, o que faz pensar nos estudos de Margaret Mead sobre sexo e temperamento.

As mulheres Kadiwéu também têm ou tinham uma situação bastante diferente da de outros grupos. Em geral, os índios gostam de ter muitos filhos; as taxas de crescimento são bem maiores que as nossas. As Kadiwéu, na literatura, são apresentadas como tendo costumes bastante soltos. Não é comum os homens tolerarem outros namoros das esposas, nos povos indígenas. Às vezes, dão mulheres aos visitantes, como ocorreu nos Zoró no início do contato, em 1978, mas são também muito ciumentos. Enfim, se não é o padrão, o de índios ordenando que as mulheres namorem outros homens, ou as mulheres tendo o papel guerreiro de salvação, a força das mulheres como um grupo independente existe nos mitos, opondo-se aos homens.

Soberba e orgulho manifestam-se nos mitos kadiwéu, julgam-se superiores aos brasileiros, que, segundo eles, não tinham mulheres. Gônoêno-hôdi deixa só "a coisa da mulher" para o brasileiro, sem corpo, promete voltar mais tarde para completar o novo ser, mas demora tanto que a "coisa" apodrece. Por isso, diz a história, os brasileiros têm que comprar mulher, não são como os Kadiwéu, que casam com parentes. Brasileiros são tratados com animosidade e ironia.

Diz Lúcia Murat que o principal tema de que tratou é a dificuldade de compreensão intercultural, de percepção verdadeira de quem são os outros. Entre as muitas questões que aparecem nessa bela história dos Guaicuru e dos colonizadores, está a do amor interétnico. A personagem do português Diogo, libertário, apaixonado pelo que vai percebendo dos índios e da amada prisioneira, o elo amoroso que faz com ela através da arte e da pintura, sua transformação final ao aprender que existe infanticídio, são emblemáticos. O ator português, Diogo Infante, está excelente, fazendo líricos olhares portugueses de amor, quase como quem recita "aquela cativa que me tem cativo", que certamente irão cativar em especial o público feminino brasileiro.

Há um magnífico ator Kadiwéu, um menino que faz o papel de uma criança roubada aos brasileiros. O garoto é neto de João Príncipe – um grande chefe Kadiwéu, falecido de mordida de cobra em 1986, com quem Darcy Ribeiro fez pesquisa.

O que é certo é que João Príncipe teria gostado muito de ver o filme e seu neto artista.

Nota

[1] Depois de 2001, quando este texto foi escrito, surgiram filmes, livros, teses e trabalhos interessantíssimos, de autoria indígena ou não. Salienta-se a produção de mais de uma centena de filmes do Projeto Vídeo nas Aldeias, iniciado em 1986 pelo cineasta Vincent Carelli, com filmes dele e de dezenas de diretores indígenas: *Serras da desordem*, de Andrea Tonacci (2006), a série *Taru Ande*, de Marco Altberg (2007), a série *Xingu*, de Washington Novaes (2007, iniciada 22 anos antes), *Terra Vermelha*, de Marco Bechis (2008), *Corumbiara*, de Vincent Carelli (2009), *Paralelo 10*, de Silvio Da-Rin (2012), *Vale dos esquecidos*, de Maria Raduan (2012), *Xingu*, de Cao Hamburger (2012), *As hiper mulheres*, de Carlos Fausto, Leonardo Sette e Takumã Kuikuro (2011), *Martírio*, de Vincent Carelli (2016), e numerosos outros de grande qualidade, documentários e ficções exibidos na televisão.

Sobre os Kadiwéu e Guaicuru, eu não tinha ainda notícia do trabalho de Mônica Soares Pechincha, da Universidade de Brasília, doutora em Antropologia, autora do verbete sobre os Kadiwéu no site do ISA (Instituto Socioambiental). Também desconhecia um livro juvenil muito interessante sobre a questão da identidade indígena, de José Hamilton Ribeiro, *A vingança do índio cavaleiro*, São Paulo, Moderna, 1995.

Em 2013 e 2014, Lúcia Murat voltou aos Kadiwéu, a seus atores de 1999 e filmou um documentário sobre as mudanças nesse povo desde então, com ênfase na situação sociopolítica econômica.

Bibliografia

ALMEIDA SERRA, Ricardo Franco de. "Parecer sobre o aldeamento dos índios Uaicurús e Guanás com a descrição dos seus usos, religião, estabilidade e costumes". *Revista do Instituto Histórico e Geográfico Brasileiro*. v. 7, 1845, pp. 197-208.

AZARA, Félix de. *Voyages dans l'Amérique méridionale*. Paris, 1809, v. II.

BOGGIANI, Guido. *Os caduveos*. São Paulo: Itatiaia, 1975.

Buff Chevalier, Sonia Rosalie. "Alguns mitos dos Kadiwéu". *Publicações do Museo Municipal de Paulínia*. v. 22, Paulínia, São Paulo, 1975, pp. 1-10.

Castelnau, Francis, *Expedição às regiões centrais da América do Sul*. t. II. São Paulo: Cia. Editora Nacional, 1949.

Ferreira, Alexandre Rodrigues. *Viagem filosófica pelas capitanias do Grão-Pará, Rio Negro, Mato Grosso e Cuiabá*. Rio de Janeiro: Conselho Nacional de Cultura, 1971.

Fric, Alberto Vojtech. "Onoenrgodi-gott und Idole der Kadúveo in Matto Grosso". *Proceedings of the Eghteenth International Congress of Americanists*, v. 2, Londres, 1912, pp. 297-407.

Lévi-Strauss, Claude. *Tristes tropiques*. Paris: Plon, 1955.

Oberg, Kalervo. "The Terena and the Caduveo of southern Mato Grosso, Brazil". Washington, Smithsonian Institution, Institute of Social Anthropology, Publication n. 9, 1949.

Ribeiro, Darcy. *Kadiwéu*. Petrópolis: Vozes, 1980.

Rodrigues do Prado, Francisco. "História dos índios cavalheiros ou da nação Guaycuru". *Revista do Instituto Histórico e Geográfico Brasileiro*. v. 1, 1839, pp. 25-57.

Sanchez Labrador, José. *El Paraguay católico*. 3 v. Buenos Aires: Coni Hnos, 1910-17.

Semente da primeira organização indígena

As grandes ideias surgem simultaneamente nas cabeças de algumas pessoas, em lugares diferentes. É difícil identificar seus autores. Por isso mesmo vale a pena lembrar o papel de Carmen Junqueira em uma reunião na qual uma primeira organização indígena nacional surgiu no horizonte. Poucas foram as testemunhas de como ela lançou com veemência a um grupo iluminado de representantes indígenas a necessidade de se unirem em uma instituição – única forma de resistir aos crimes e à violência que os assolavam.

Houve em plena Ditadura Militar (1964-1985) um maravilhoso encontro em Campo Grande (MS) contra um projeto de estadualização da Fundação Nacional do Índio (Funai), ou seja, o de transferir as atribuições constitucionais de proteção aos povos indígenas do poder executivo federal aos governos estaduais. Estes teriam mais força, privilegiando interesses econômicos locais contrários aos direitos indígenas.

Em pronunciamentos fortes, Darcy Ribeiro, João Príncipe Kadiwéu, Marçal Tupã-I (Marçal de Souza Guarani) e Domingos Veríssimo (Terena) compartilharam uma mesa-redonda. Na plateia, Carmen Junqueira e uma aluna sua admiravam os quatro, personalidades marcantes. Dialogavam como grandes estadistas, governantes experientes, rememorando as pesquisas que Darcy fizera décadas antes com cada um dos três, em seus respectivos povos. Darcy contou em detalhes o quanto eles lhe haviam ensinado e guiado por seu universo. Marçal, João Príncipe e Domingos, por sua vez, falaram sobre como o pesquisador desvendara para eles a sociedade brasileira e a luta a empreender. Originários de mundos opostos, souberam uni-los em conhecimento e na batalha pelas terras indígenas, contra o genocídio. Eram sinceros na lembrança e na saudade do que haviam vivido juntos, e da análise da própria sociedade que haviam exposto uns aos outros. Muitos caminhos e portas tinham sido abertos. O encontro foi tão incisivo e firme que todos os organizadores locais, funcionários do estado de Mato Grosso do Sul, foram demitidos – a ditadura não admitia contestadores.

Parece-me, mas não sei precisar, nem se encontram registros, que o debate aconteceu em 1978. No dia seguinte ao da mesa principal, com um público muito pequeno, Carmen Junqueira sugeriu a Domingos Veríssimo a criação de uma organização indígena brasileira. Na lembrança da aluna que a acompanhava, a ideia de uma união indígena foi dela. É possível que os próprios indígenas, por seu lado, em outras reuniões, estivessem matutando sobre essa forma de defesa, os ares clamavam por esse instrumento político. É difícil de provar, mas essa parece ter sido a primeira vez que, em público, tomava corpo a união de múltiplos povos em torno de um ideal comum.

As belas palavras dos quatro heróis – Marçal, assassinado em 1983, João Príncipe, Domingos Veríssimo e Darcy – devem ter sido gravadas pela Comissão Pró-Índio de São Paulo, fundada em 1978, ou constam de seu acervo oral ainda não digital, em cassetes. As quatro falas seriam anteriores ao I Seminário Mato-Grossense de Estudos Indigenistas, de abril de 1980, também em Campo Grande, que daria origem à Unind, organização indígena nacional, consolidada em junho do mesmo ano. Em 1981, a Unind tornou-se a UNI (União das Nações Indígenas), imprescindível no cenário nacional e na Constituinte de 1988.[1] Talvez Ailton Krenak, figura ímpar, possa esclarecer os fatos e a cronologia, embora não tenha participado da reunião em Campo Grande dos estadistas indígenas. Carismático nos anos 1980, foi com a UNI que se tornou marcante no cenário brasileiro.

Nota

[1] A fundação da Unind e sua transformação na UNI são descritas no capítulo 23 do livro de Rubens Valente, *Os fuzis e as flechas*, São Paulo, Companhia das Letras, 2017.

Melodia amorosa Ikolen Gavião

Deveria ser secreto o primeiro amor brotando. Mas a melodia da flautinha *kutirap* de bambu ecoa na aldeia. É entoada pelo caçador adolescente, que roça os galhos, atravessa riachos, aspira perfumes da floresta, espanta e atrai pássaros músicos, com pés alados deslizando nas sendas familiares. Carrega nas costas, num trançado de folhas verdes de paxiúba, preso à cabeça por uma faixa de embira, seu trunfo de dois mutuns. Tem as mãos livres para tocar. Vai compondo, tomado pela imagem da mocinha que ama. É filha de sua irmã, e desde crianças há no ar algo que os une; sabem que têm o melhor laço de parentesco para casar, ou seja, tio materno com sobrinha. Só há poucos meses os olhares trocados prometem muito mais, expressando o desejo que palavras e gestos ainda não concretizaram. A caça é o presente de namorado, a carne, alimento e metáfora das almas prestes a juntarem corpos.

Espraiam-se pelo verde as notas e sons: correspondem a palavras, que a mocinha ao longe ouve e identifica, maravilhada:

Doçura de polpa escura

Escorre um rio de sumo

Como uma fruta madura

Quero abrir minha amada

Lamber a pele de humo

Ela sabe que o canto lhe é destinado, pois o jovem caçador, antes de partir, indicou para onde ia, mostrando o instrumento musical, fálico, embora pequeno, distinto das grandes flautas grossas de festas dos seres do além, os Guyaney.

Trêmula de alegria, ela corre para pegar seus arquinhos *iridinam*, comparáveis a um violino em miniatura, com uma só corda. Ela encosta na boca a madeira de um arquinho, e com a mão esquerda junta a corda do segundo à do primeiro. Os sons mudam quando ela mexe nas cordas com os dedos. Só as mulheres o tocam, para as cantigas de amigo. E ela manda a resposta envolta em notas:

O vento sopra amor

Do bambu do meu amado.

Vem me dar o que caçou...

No seu nariz o enfeite

É longa pena de arara,

É vermelha e armada.

Ele é grande furador

É o melhor caçador

Da minha fenda rosada

Nela deixarei arriada

A rija pluma de cor

Mole estará aninhada

No meu corpo acolhedor.

Se ela não o amasse, sua resposta musical poderia ser um insulto, como anunciar à mãe dele que outro é seu namorado.

Os adultos alegram-se sem comentar, jovens torcem ou têm inveja, esperam a mesma sorte.

A lentidão terna do amor ikolen, disciplina para acirrar os sentimentos e os impulsos eróticos – caminho do êxtase depois de muitos obstáculos? –, caracteriza, de outra forma, o amor nivaklé, objeto de um belíssimo texto de Miguel Chase-Sardi, traduzido para o português por Josely Vianna Batista.[1] Entre os Nivaklé, a espera é longa – mas a amada, antes de ceder, tem o direito de arranhar, machucar, quase ferir o pretendente, até que este a vença e convença, pela força de suas armas físicas masculinas, a um comportamento mais clássico de feminilidade. *A megera domada*, de Shakespeare... *The taming of the shrew*...

Nota

[1] Miguel Chase-Sardi, *O amor entre os Nivacle*, organização e tradução de Josely Vianna Baptista, Curitiba, Tipografia do Fundo de Ouro Preto, 1966.

Eu quero aquilo!

I

"Antigamente, muito antigamente, no tempo dos antepassados, todos os homens maxacali foram caçar, deixando suas mulheres sozinhas com as crianças. Durante muito tempo, elas aguardaram esperançosas; certamente viriam carregados de carne. Mas nada dos caçadores. Desanimadas, convenceram-se de que acontecera alguma desgraça e seus homens não voltariam mais. Não suportavam viver sem namorar e tiveram a ideia de trocar os filhos umas com as outras. Ensinariam cada menino a fazer o mesmo que o pai com a mãe – mas sempre com a mãe de outro. Assim fizeram; eles aprenderam depressa, com muito gosto. Somente um garoto não soube concretizar os gestos amorosos com a mãe que lhe coube. Não sabia mesmo fazer.

Passou tempo, muito tempo, e, para surpresa das mães, um dia os maridos chegaram. Surpresa maior foi a deles: muitas mulheres estavam grávidas, outras tinham tido crianças. E eles haviam partido muito antes, era impossível serem seus os rebentos!

– Como pode ser? – indignavam-se os homens. – Nenhum de nós estava aqui, como elas engravidaram? Está esquisito, de cabeça para baixo!

Um dos maridos deu muita caça à sua mulher, que preparou bem a comida, carinhosa como antes. Comeram, mas o filho, um menino – talvez bem aquele desajeitado, incapaz de namorar a mãe postiça – não parava de chorar, recusava até mesmo a iguaria. O pai e a mãe insistiam em saber o que ele queria, procuravam adivinhar como agradá-lo e fazê-lo parar de berrar, mas a fúria do moleque só crescia. A mãe mais uma vez perguntou o que ele tinha. E ouviu:

– Quero essa coisa! Quero isso aqui! – e pôs o dedo no meio das pernas da mãe.

Talvez tenha se comportado assim porque não tinha realizado o mesmo que os outros com as mães alheias. Talvez esta fosse sua mãe verdadeira (o que os narradores não esclarecem) e desejasse a experiência só com ela.

O marido não gostou nada, ficou até sem respirar, com um 'monstro de olhos verdes' dentro do peito, nem comeu mais. Foi à Kuxex, que os Maxacali chamam, em português, de Casa de Religião, lugar sagrado de reunião dos homens, proibido às mulheres. Convocou todos os companheiros e derramaram-se em queixas, enciumados e enraivecidos contra as mulheres que haviam engravidado sem eles. Sua decisão foi arrancar os olhos dos meninos, mas só depois de examinar os pintinhos deles, para ver se eram eles mesmos os responsáveis pelos novos nascimentos. Olhavam, olhavam – ah, esse fez, aquele fez, o outro também. Como conseguiam descobrir por esse exame, não se sabe. Talvez alguns ainda não estivessem maduros, fossem muito pequenos?

Perceberam que somente um dos meninos – seria o que chorou demais quando o pai voltou para a mãe verdadeira, o que esperneava apontando para o corpo dela? – não fizera nada. Feito o diagnóstico dos meninos culpados, levaram-nos todos à Kuxex, à Casa dos Homens, e lá arrancaram-lhes os olhos. Dentro da Casa de Religião é proibido chorar ou gritar, é necessário o silêncio. Eles devem ter sofrido a mutilação quietos, com coragem. Do menino que não tinha namorado, arrancaram apenas um dos olhos. E foi ele quem guiou os outros para que recuperassem a visão. Fez com que todos se dessem as mãos, levou-os pelo caminho, cortou uma árvore e pôs no rio, para por ela descerem ao domínio do Rei dos Peixes. Este os recebeu bem, deu um facão a cada um, pôs dois olhos em cada menino. No que tinha ficado com um olho só, o que berrara que 'queria aquilo' e mexera no meio das pernas da mãe, ele tentou pôr o olho que faltava, mas o garoto não aguentou, sentiu muita dor. Ficou com um olho só mesmo. Dizem que até hoje, entre os Maxacali, nasce criança de um olho só, um olho esquisito ou esbranquiçado. É raro, mas acontece. Quando a turma voltou a enxergar, o Rei dos Peixes mandou que os garotos voltassem para casa e matassem cada um o pai do outro, 'para ficar do jeito que queriam'. Devia ser para cada um ter a mãe todinha, sem rival..."

II

A história omite se eles de fato o fizeram, se mataram os homens adultos e ficaram com as mães. De todo modo, o gesto de desejo de um menino pequeno aproxima o mito maxacali de muitos outros, como o mito yamana incluído neste livro, embora contados e escritos em épocas e regiões tão diferentes. Uma diferença é que as mulheres adultas, no mito maxacali, iniciaram o processo.

III

Os Maxacali de Minas Gerais mantêm viva sua língua e durante muito tempo recusaram-se a ensinar português às crianças. Conservam grande parte dos rituais e crenças religiosas, mesmo com as transformações da sua sociedade ao longo de mais de duzentos anos de contato, com as duras pressões econômicas e a espoliação a que vêm sendo submetidos. Basta lembrar que foram atingidos pelas atrocidades da Ditadura Militar, com a criação da Grin (Guarda Rural Indígena) e com prisões na própria terra ou no Reformatório Indígena Krenak (Paraíso, 1999).

Nos anos 1990, começaram a escrever seus mitos na própria língua, alguns com tradução para o português, apoiados pelo magnífico trabalho de formação de professores e licenciatura indígena criado na Universidade Federal de Minas Gerais (UFMG) (Almeida, 2009), com antropólogos, linguistas e etnomusicólogos da mais alta qualidade (Bicalho, 2010; Tugny, 2013).

A narrativa maxacali anterior passou por muitas metamorfoses, sucessivas traduções. Do oral em língua indígena para a escrita em maxacali, depois para uma tradução oral e escrita em português, baseada na redação feita pelos próprios índios.

Com mitos, recontar sempre deturpa, interpreta e reelabora a narrativa. Por outro lado, uma versão aproximada como a que apresentei pode contribuir para ressaltar o forte e raro conteúdo expressado por esse povo extraordinário. Que resiste, apesar das prováveis perdas, como a da passagem da estrutura de uma língua à outra, com o surgimento de um novo estilo, traços que o português literário poderia ganhar e incorporar, ao prestar atenção na expressão de narradores e escritores indígenas.

É assim dada uma notícia do que fazem, recomendando a leitura e a consulta aos originais, editados com belas ilustrações pelos indígenas (Povo Maxacali, 2005).

As oficinas com os Maxacali na UFMG, os numerosos livros bilíngues de autoria indígena, as publicações e teses de estudiosos revelam uma arte elaborada, que mesmo quando comparada à de outros povos brasileiros é marcante. Imagens, música, uma língua que se expressa de modo muito diferente do português, o cuidadoso trabalho de tradução, com acompanhamento por linguistas, fazem dos Maxacali escritores-artistas-músicos que abrem um caminho novo. Surge assim a formação de uma literatura escrita por povos indígenas. É importante que eles examinem e avaliem recriações de seus mitos, textos que são filhos e descendentes de seu saber tradicional. À sua moda, com conhecimento da própria língua e da tradução possível para o português, vão aos poucos produzindo sua ficção e seus registros inovadores.

Bibliografia

ALMEIDA, M. I. de. (Coord.) *Tabebuia/IPÊ – Índios, Pensamento, Educação*. Ano 1. Belo Horizonte: Curso de Formação Intercultural de Educadores Indígenas/FIEI/ UFMG, 2009.

BICALHO, C. *Koxuk, a imagem do yãmîy na poética maxakali*. Belo Horizonte, 2010. Tese (Doutorado no Programa de Pós-graduação em Estudos Literários) – Faculdade de Letras, Universidade Federal de Minas Gerais.

PARAÍSO, Maria Hilda Baqueiro. "Maxacali". *Enciclopédia dos Povos Indígenas no Brasil*. Instituto Socioambiental, 1999. Disponível em: <socioambiental.org>. Acesso em: 17 ago. 2017.

POVO MAXACALI. "Kakxop pahokxop, As crianças cegas". In: Povo Maxacali. Penãhã, livro de Pradinho e Água Boa. Belo Horizonte: Fale/UFMG CGEEI/ Secad/ MEC, 2005, pp. 29-36.

TUGNY, Rosângela (org.) Cantos dos povos Morcego e Hemex-espíritos. Belo Horizonte, Fale/UFMG: Literaterras, 2013, p. 196. DVD-ROM.

Guerra dos Pinguelos na Terra do Fogo

Os Selknam, também conhecidos por Ona, povo da Terra do Fogo, tinham no século XIX, e ainda em 1933, um extraordinário ritual destinado a manter a supremacia dos homens sobre as mulheres. Contavam que em tempos míticos elas é que tinham o poder, viviam na boa vida, brincando preguiçosas, enquanto eles é que faziam todas as tarefas domésticas, cozinhavam, cuidavam das crianças, além de caçar e trazer alimentos. Eles obedeciam aterrorizados às ordens femininas. Isso porque, para manter o jugo, as mulheres reuniam-se em uma choça proibida a eles, o Hain, e inventavam seres sobrenaturais apavorantes. Impediam que os homens desvendassem o seu segredo, a farsa que lhes impunham. Sabiam que eles eram mais fortes e precisavam legitimar suas regras pelo medo.

Nesse tempo arquetípico, Lua Kreeh, a Mulher Selvagem, era casada com Sol Krren. Este era irmão do Vento Shénu, enquanto Lua Kreeh era irmã de Neve Hosh. Sol Krren lhe obedecia, humilde, embora fosse xamã como Shénu e os dois irmãos, Mar Kox e Chuva Chálu. A choça central do Hain era proibida a eles.

Os homens que não cumprissem as ordens das esposas, trazendo-lhes caça, aplacando sua ira, eram castigados. Temiam os espíritos, deuses e deusas que, elas lhes diziam, também as ameaçavam. A mais terrível era Xalpen, monstra mulher, que surgia das cavernas subterrâneas, contava-se. Era glutona, caprichosa, mesmo com as mulheres, a quem podia massacrar. Os homens, além de temer por si próprios, viviam na angústia de imaginar que elas poderiam ser assassinadas, deixando-os sem esposas e sem sexo e sem comida. E assim, sem revoltar-se, levavam para elas a comida, julgando que seria ingerida pelos seres do além, sem desconfiar de que elas é que comiam tudo.

Até que um dia, Sol Krren, passeando pela floresta, ouviu, sem ser visto, as mulheres rindo entre si e comentando a ingenuidade dos homens. Percebeu que não havia deuses – elas é que os tinham inventado. Gritou para elas que sabia tudo, correu avisar os companheiros, e decidiram matá-las. Elas ainda tentaram assustá-los, representando os monstros e deuses que os faziam curvar-se de pânico, mas dessa vez não adiantou. Foram todas mortas, menos Lua Kreeh. Apesar de agredida por Sol Krren e por Vento Shénu, seu irmão, Kreeh fugiu para o céu, com a cara sulcada pelas cicatrizes da luta, sua face visível de hoje. Agora, nos nossos dias, não perdoa os homens, seus inimigos, de quem procura sempre se vingar.

Restaram, então, homens, meninos e meninas. Para evitar que, ao crescer, as meninas retomassem a tirania sobre o outro sexo, os homens criaram o seu Hain e o ritual de iniciação dos meninos, denominado Klóketen. Para isso, fizeram uma longuíssima marcha, buscando os limites do universo. Sete xamãs primordiais arrastaram esteios de pedra, cada um de sua terra natal para o Hain: os suportes da choça dos homens, mais tarde feitos de madeira em vez de pedra.

Desde a mitológica tomada de poder e construção do Hain pelos homens, as mulheres é que passaram a ser vítimas de engodo, a temer os seres sagrados e a correr perigo de vida se contestassem a doutrina.

No século XIX e começo do século XX, o Hain não é um relato mítico, mas um ritual histórico, que foi descrito por três grandes autores, Lucas Bridges (1874-1949), habitante da Terra do Fogo, filho de um missionário inglês que emigrou para a região como colonizador; Martin Gusinde (1886-1969), sacerdote da congregação Verbo Divino e etnólogo; e atualmente, por Anne Chapman, antropóloga americana com uma vasta obra e domínio de campo.[1] Os dois primeiros participaram do ritual, Gusinde num dos últimos, em 1923. Além deles, só um náufrago, Jack, na época de Bridges, e o irmão deste, é que viram o Hain.

Os livros de Anne Chapman, o mais recente publicado em francês em 2008, baseiam-se em sua pesquisa com vários remanescentes Selknam, sobretudo duas mulheres, a primeira, Lola, nascida por volta de 1880 numa tenda de guanaco, falecida em 1966; e a outra, Ângela, que viveu até 1974. Anne incorporou à sua análise conteúdos de Bridges e Gusinde, e dá uma vívida descrição das agruras enfrentadas não apenas pelas mulheres dominadas, mas também pelos meninos em sua iniciação ao Hain masculino. É um Selknam, Federico, que lhe descreve sua iniciação em 1920, e ela aproveita muito a descrição de Gusinde do Hain de 1923, que durou vários meses. Com sua obra, um estudo profundo, a ler como um romance, fica patente o valor de registros etnológicos escritos, como esses de Gusinde, e da história oral, a registrada por ela, que aproveita documentos e testemunhos décadas depois dos fatos, quando um povo quase desapareceu – matéria para reflexão para os índios de hoje e sua atitude relativa a pesquisas, a gravações, à escrita. Quase tudo que restou do estranho mundo dos Selknam está nessas obras. Certamente há, nos povos brasileiros, muitos rituais masculinos proibidos às mulheres – no alto Xingu, nos Karajá, Javaé, Munduruku, Nambiquara, Tapirapé, Kayapó, Enauenê-Nauê, nos Maxacali e muitos outros –, mas talvez nenhuma descrição ou depoimento tenha transmitido com a mesma força o fantasmagórico, a guerra e o teatro entre os sexos, a mistura de farsa ideológica de dominação e crença nos seres do além que os rituais Selknam contêm.

Hain, *A Casa dos Homens*, e as aparições

O Hain do final do século XIX e primeiras décadas do XX era uma cabana cônica construída onde houvesse árvores, para as mulheres não verem de longe o que se passava. Era preciso haver água e guanacos próximos, para prover de carne as cerimônias. Tudo na construção evocava as origens míticas. Os esteios eram sete postes, correspondentes ou a pássaros, como coruja, cormorão, flamingo, ou a elementos como o vento. Os quatro pontos cardeais eram contemplados. Os postes correspondiam às linhagens e suas origens geográficas, com hierarquia entre si. Os homens tinham lugares determinados para sentar-se, segundo seu local de origem, ou, quando havia muita gente, seus assentos eram temporariamente outros, como os correspondentes à sua linhagem materna. A choça simbolizava os quatro céus do infinito, "as cordilheiras invisíveis do infinito", segundo a narradora de Anne. As cordilheiras míticas eram a origem do poder xamânico, e para elas deveriam voltar as almas. Na choça havia uma linha imaginária que simbolizava um abismo perigoso. Apesar da hierarquia entre linhagens, uma relativa igualdade entre os homens deveria prevalecer, pois os xamãs, "xo'on", eram obrigados a deixar fora, temporariamente, seu poder de magos ao entrar no Hain.

O Hain era povoado de seres sobrenaturais, cada qual com personalidade e características próprias. Para personificá-los, os homens usavam máscaras feitas de pele de guanaco ou cortiça das árvores, que eram cuidadosamente guardadas, tratadas com respeito, como deuses – e não como peças para enganar as mulheres.

Um dos espíritos mais terríveis, temido por mulheres e crianças, era Shoort, que podia ser múltiplo, aparecendo com variações. Havia sete Shoorts principais, um pouco diferentes uns dos outros, mas também outros, seus subordinados, ajudantes e mensageiros. Oito Shoorts diferentes simbolizavam o tempo ao longo do dia.

Pavores de meninos e mulheres

Era por ocasião da iniciação dos meninos, chamados então Klóketen, que se davam os rituais do Hain. A idade dos iniciandos variava, às vezes a partir de 14 anos, em geral de 17 a 20, pois deviam ser fortes para suportar as provas perigosas. O rito de passagem para a idade adulta podia repetir-se, se não fosse logo bem-sucedido, chegando a durar até mesmo cinco anos.

Ao começar o ritual, a maioria dos homens ia discretamente para o Hain e se pintava segundo as insígnias de seu próprio céu. Cada Shoort, personificado por um homem, tinha um companheiro, com o título de Ténin-nin, que devia ser do mesmo céu e ser seu parente, a quem cabia atar-lhe a máscara. Shoort deixava então de ser humano e não falava mais. (O grande número de personagens correspondentes às figuras do além faz imaginar a complexidade populosa da Casa dos Homens.)

Shoort, dizia-se, vivia nas entranhas da terra com a espantosa Xalpen. No ritual, Shoort surgia do fogo, e de fora, ao longe, as mulheres viam a fumaça que o anunciava. Ele apareceria também meses depois, no último dia, representando o sol, o varão intrépido, o grande xamã ancestral, Krren.

Quando os jovens eram levados para o Hain, apoderava-se das mulheres grande inquietação. Os Shoort costumavam sair do Hain e visitar o acampamento, observados com desespero pelas mulheres. Eles conduziam os Klóketen para fora da choça materna, com as mães chorosas, preparando a difícil separação entre mães e filhos, quando estes se encaminhavam para o Hain, onde deviam permanecer. As mães, angustiadas por pensar no que seus filhos iriam passar, jogavam cinzas na direção do Hain.

Em geral, o primeiro teste dos rapazes era uma caçada de vários dias por sendas determinadas, nas quais eram assediados por Shoorts, que eles não deviam atacar – não podiam defender-se nem machucá-los, mesmo quando ofendidos ou sofrendo arremetidas violentas, nem deveriam olhá-los. De fato, se atingissem os Shoorts, acabariam por identificar os homens seus parentes pelos ferimentos... Por enquanto, os Shoorts eram para eles seres fantasmagóricos e ameaçadores, imprevisíveis, e não homens de carne e osso.

A função dos iniciandos era obedecer aos mais velhos, caçar, realizar todas as tarefas que lhes ordenassem. Aprendiam a sobreviver sem carne na floresta, durante muitos dias. Dormiam pouco, sempre ocupados, pintando-se diariamente.

Fora, as mães entoavam cantos, como uma obrigação diária, e vinham sempre trazer carne e alimentos para os enclausurados e para os espíritos. Elas deviam comportar-se bem, seguir inúmeras regras, e acontecia de uma mulher denunciar outra por infrações, como a de não levar comida suficiente ou não cantar com energia. Atribuíam alguma doença na aldeia à culpada, como se os Shoorts ou outros espíritos houvessem se vingado da rebeldia ou descuido femininos.

O segredo do Hain não podia ser guardado por muito tempo dos jovens, senão havia o risco de reconhecerem os mais velhos. Sua última prova era uma verdadeira tortura, mas não ficava para o fim da reclusão: dava-se logo nos primeiros dias. Os jovens entravam no Hain diante de um círculo de homens pintados, todos cantando, parecendo ignorá-los, nem sequer os olhavam. Arrancavam-lhes a capa, deixando-os nus, o que em si não era uma destituição, pois a nudez era costumeira. Os meninos, transidos de medo, viam Shoort, e mais se assustavam ao ver que estava tomado de desejo sexual por eles, com um pênis enorme. O Shoort agarrava os genitais dos moços, provocando dor, mas os Klóketen eram proibidos de mexer os braços: o Shoort os atacava, sem que pudessem revidar. Em dado momento, o Shoort os levava para o fogo, como se fosse queimá-los. Só depois de horas de horror é que o principal dirigente, denominado Conselheiro, mandava parar a luta. Nesse momento, os homens, fingindo surpresa, mandavam os jovens tocar o Shoort, perguntando se era alguém de carne e osso. Ordenavam-lhes que retirassem as máscaras das aparições, que haviam lhes parecido rostos verdadeiros. Os Klóketen atônitos descobriam o segredo, ainda em dúvida se se tratava de espíritos ancestrais. Os homens maduros punham-se a rir e a escarnecer dos pobres coitados. Com frequência, os Klóketen eram acometidos de acessos de fúria, por terem enfrentado um sofrimento tão atroz e terem sido enganados, e chegavam a investir violentamente contra o "espírito", o parente identificado.

Agora, passavam a fazer parte da classe superior, detentora da força contra as mulheres. Os meses seguintes passavam-se em aprendizado da história das origens do Hain, da perfídia arcaica das mulheres, dos relatos do Sol e da Lua e muitos outros. Aprendiam que jamais poderiam revelar o que ocorria no Hain, ou seriam mortos – o que de fato aconteceu uma ou outra vez, segundo testemunhos da época. E absorviam dos mais velhos a substância do bom modelo masculino: como deveriam comportar-se com as mulheres, com respeito e sem excessos, buscando esposas em comunidades distantes, como deveriam evitar a gula e a voracidade alimentar, como era recomendável o carinho com as mulheres e crianças. Dormiam pouco, aprendendo pinturas e muitos trabalhos.

Enquanto isso, as mulheres no acampamento acompanhavam o ritual. Ocasionalmente recebiam visitas dos Shoorts, ou dos Haylan, outra classe dos espíritos, que batiam nelas ou ameaçavam estuprá-las. Eles chegavam à noite, escondendo sua identidade, atracando-as com tal ímpeto que às vezes os maridos ficavam à porta das casas tentando protegê-las. Gusinde dizia que os Haylans podiam ser cômicos, em meio aos aspectos sombrios do ritual, aliviando tensões, mas Anne, reconhecendo que eram graciosos, eróticos, acha que sempre causavam grandes estragos no mundo feminino.

As visitas dos espíritos às casas, com aparência de bêbados, tinham também o intuito de arrancar carne e alimentos das mulheres – sempre era preciso oferecer-lhes o que houvesse.

O terror das mulheres era provocado por pensarem que os seres do além estavam matando seus maridos, pois os viam sair feridos do

Hain. Os homens furavam as narinas, deixando o sangue escorrer, ou cobriam-se de sangue de guanacos, para persuadi-las de que haviam sido açoitados e quase devorados pelos Shoorts, Xalpens, Haylans e muitos outros. Pior: em algumas cenas, os Klóketen eram mortos pelos deuses, em especial por Xalpen, frenética por carne. Se não fosse atendida, devorava os jovens. Embora casada com Shoort, todos os homens, mais velhos e jovens, eram considerados seus maridos ou amantes, em seu apetite insaciável.

As mães viam os filhos saírem mortos do Hain, vítimas da luxúria ou das surras incontidas de Xalpen. Também os jovens haviam furado as narinas e se cobriam de sangue. Os homens que os levavam e apareciam no pátio, seus maridos, vinham com o pênis inchado e como que com dor. O choro no acampamento das mulheres era de cortar corações. Um narrador, Federico, contou a Anne que achava insuportável vê-las passar pelo desespero de perder os filhos e maridos, vendo-os com feridas até as entranhas, cabeça dependurada, inundados de sangue.

Era chamado, então, um outro ser mítico, o amado Olum, um ser pequeno. Numa ocasião, conta Bridges, o xamã Halimink é que foi levado ao acampamento já moribundo, enquanto dois pajés tentavam inutilmente salvá-lo. Mas quando Olum, representado por um homem pequeno e pintado, se aproximou, tirou uma ponta de pedra de sua máscara e o morto ressuscitou, assim como os Klóketen já falecidos, para alegria geral.

Gravidez da mulher voraz

Xalpen, a Lua, a mulher excessiva das entranhas da terra, fêmea de todos os homens e jovens, esgotando-os todos a cada dia, tornava-se ainda mais incontrolável quando engravidava e dava à luz. Seus gritos e fúria no parto faziam o mundo tremer – atirava arcos fora do Hain, sinal de mau olhado, matava os Klóketen e os homens. As mulheres de longe ouviam os gritos e os gemidos dos Klóketen ao expirar. De repente, com o silêncio, sabiam que o nenê nascera e fora levado por Xalpen ao inframundo. Antes de sua ida, as mulheres podiam saudar o recém-nascido.

Um teatro fantástico

Meses de representações passionais, catastróficas, vida e morte encenadas, desenrolando-se para uma comunidade, com medos, desconfianças, logros, sagrado e sobrenatural, enredos, risos, sátira, sexualidade sem peias: o que poderia atrair mais a atenção dos seres humanos?

Os três estudiosos dos Selknam perguntam-se se as mulheres acreditavam nos deuses terríveis habitantes da Casa dos Homens. E os homens, acreditariam? As mulheres, conta-nos Anne Chapman, costumavam, em certas ocasiões, quando sozinhas, simular o ritual masculino, fazendo o papel de Shoort e dos Klóketen, às risadas, castigando-se, virando atrizes, já que os homens distraídos no Hain nada viam. Seria um indício de que não caíam na esparrela masculina? Fingiriam acreditar, por pavor dos homens – pois de fato, se sussurrassem qualquer dúvida durante o ritual, se demonstrassem reconhecer nos espíritos e máscaras um dos seus homens do dia a dia, seriam mortas – assim como os meninos, se ousassem revelar o mistério, temiam morrer. Como conheciam a história do suposto poder arcaico feminino, sabiam que antes de serem destituídas, elas é que enganavam os homens, como não pensariam que eles agora faziam o mesmo? Como é possível guardar tanto segredo, esconder-se tão bem, ter máscaras tão perfeitas que passam por corpos de carne e osso?

Os homens, mesmo enganando as mulheres, tratavam as máscaras como deuses, objetos sagrados e mágicos, reverenciavam-nas. Poderíamos imaginar que o teatro, de tanto fingir, como o poema de Fernando Pessoa, acabava por ter fé no prodígio sobrenatural narrado. Nos rituais como os de candomblé, todos sabem que máscaras são máscaras, mas elas personificam o orixá, que faz dos "atores" o seu

67

cavalo. Os objetos são impregnados da qualidade espiritual e imaterial que simbolizam, passam a tê-la dentro de si.

O Hain, como outras Casas dos Homens de povos brasileiros, perpetua o domínio masculino. Maurice Godelier, no seu livro *O enigma da dádiva*, analisando os Baruya da Nova Guiné, vai seguindo a sutil rede do sagrado encobrindo a opressão de um grupo por outro. O mistério de vida e morte, da explicação e sentido do universo, da existência, da doença e da cura, continua não desvendado, desafiador. É possível, nas tentativas de nele penetrar, fazer uma radiografia da instituição de hierarquias, domínios, diferenças. Reduzir a religião à ideologia, a uma falsa teoria feita para submeter os outros, seria ignorar que ninguém sabe explicar a existência e seu fim, a sorte e o azar, o destino – mas que o mecanismo da desigualdade fica patente, ninguém pode negar tampouco. Godelier expõe de modo original os dois lados das relíquias sagradas secretas: insiste na desigualdade, mas também no deslumbramento com o sentido de magia a elas atribuído – quem sabe se existe ou não, ou se é criado pelo que nelas se põe?

No nosso mundo, a religião é o lucro. O interesse pessoal, o dinheiro, o consumo, as disparidades entre países, o imperialismo, as vitórias das guerras, são dogmas, assim como os Selknam não contestavam Shoort e Xalpen, nem duvidavam de que houvessem surgido de região ignota e não de seu imaginário. Na economia de mercado, a propriedade, o trabalho assalariado, as instituições públicas, a desigualdade intrínseca à produção são um absoluto, e só são postos em dúvida em dados momentos, e por minorias, que no caso de revoluções, logo aceitam novas formas sociais autoritárias como um outro absoluto.

Os dominadores Selknam, com seu teatro que poderia nos encantar se encenado para criar o clima de um povo e de uma época, e para fazer refletir sobre o ódio arcaico entre homens e mulheres (que a um só tempo desejam amar-se e vencer-se), em poucos anos foram exterminados pelos criadores de gado ingleses, ou pelas minas de ouro, mortos em massacres horríveis, os colonizadores oferecendo recompensas por cada orelha decepada. Hoje, restam muito poucos Selknam. Diz-nos o advogado José Aylwin: "Cuando estuve en Tierra del Fuego y canales australes en 1993 identifiqué 101 kaweskar o alacalufes, y 74 yamana en el Canal Beagle. De ellos muchos eran mestizos." Não nos fala de remanescentes Selknam, talvez haja alguns, mas não nas condições de antigamente.

O livro de Lucas Bridges segue as primeiras décadas da mortandade e o seu esforço para impedi-la. Os de Gusinde, originalmente em alemão, são como que uma imensa enciclopédia de tudo que observou e deles ouviu, dos mitos únicos em seu enredo fantasmagórico, escritos com crédito à autoria de cada narrador. E os de Anne Chapman são uma grandiosa reconstituição do passado, uma belíssima história oral, documento e análise, calcada na memória de poucos sobreviventes e nos registros dos observadores mais antigos.

Os Selknam fazem pensar num povo que admiro por sua música, arte, desenhos e mitos, embora conheça apenas alguns poucos de seus representantes, homens e mulheres. A "Casa da Religião" dos Maxacali de Minas Gerais, sua Casa dos Homens, aparece no filme de Marco Altberg em sua série de documentários *Taru Andé*, e faz imaginar melhor a dos Selknam. Sua expressão artística tem caráter único, raro, fascinante. Ao lutar por ela, pela terra, pela sobrevivência, pelo menos os Maxacali, como muitos outros povos brasileiros, têm oportunidade de continuar suas tradições, de registrarem-nas eles próprios. Quem sabe poderão transformar suas relações internas e externas, para não perderem o sagrado, persistindo como povo, vivos, e conquistando maior espaço junto aos de fora, talvez atingindo com o tempo um equilíbrio igualitário interno.

Imagens do feminino

Curioso no teatro de gêneros dos Selknam é que, estabelecendo o poder masculino, criando mitos e tradições para desintegrar a era arcaica das mulheres, ridicularizando-as, sonham com uma mulher todo-poderosa, dominadora, Xalpen (encenada por um homem, é verdade), dona deles todos, senhora erótica geral, a quem nada se pode recusar, deusa que sofre dores atrozes quando tem filho (como todas as mulheres), destruindo quem passar por perto. Que baile imaginário e institucional nos dão esses índios...

Nota

[1] Anne Chapman é autora de *Quand le Soleil voulait tuer la Lune* (Paris, Métailié, 2008), que em versões um pouco diferentes havia sido publicado em inglês, em 1982, e em espanhol, em 2007.

Bibliografia

BRIDGES, E. Lucas. *El último confín de la Tierra*. Buenos Aires: Sudamericana, 2003.

CHAPMAN, Anne. *Los Selk'nam*: la vida de los onas en Tierra del Fuego. Buenos Aires: Emecé, 2007.

_____. *Quand le Soleil voulait tuer la Lune*. Paris: Métailié, 2008.

WILBERT, Johannes (ed.) *Folk Literature of the Selknam Indians, Martin Gusinde's Collection of Selknam Narratives*. Los Angeles: UCLA, University of California, 1975.

Concerto a quatro mãos

Recriando a música Wari (Pakaa-Nova), ensaiam Marlui Miranda e Caito Marcondes. Sentados frente a frente, de pernas cruzadas, cada um tem diante de si um tronco, espécie de cocho, e maneja duas mãos de pilão de madeira, bem grossas. A música é uma batucada sutil.

Cada artista bate as duas mãos de pilão, extensão das suas próprias, no tronco que lhe pertence. Vez por outra, inesperadamente, ao sabor da invenção, bate no tronco do parceiro, com uma das mãos apenas. Se tudo não for feito com grande sintonia, os movimentos afinados e combinados, as mãos do artista correm perigo de ser esmagadas. O encanto está na harmonia improvisada, semi-inconsciente, fluindo por si.

Olham-se os músicos antes de começar, e atiram-se ao ritmo sem mais pensar, com habilidade, deixam-se levar, com proficiência, com ardor, com arte. É como o exercício do amor. O retrato de um namoro. Seres e corpos feitos em sons que se afagam experientes, entrelaçados, indissolúveis e independentes, individuais, um conjunto.

Fora, mesmo na sala ao lado, continuam os ruídos da cidade. Tudo corre, tudo tem pressa, um ponto de chegada, um limite, um alvo. Lá fora ganha-se a vida e o dinheiro. Preocupações, finalidades, labuta. Só aqui, no cocho-atabaque, há o brinquedo. Que faz rir, alegria.

Um invento, como no tempo das crianças. Inútil, para que serve?

Nas aldeias Pakaa-Nova, os troncos também são brinquedo e risada no pátio, mas acompanham ocasiões. Há as batidas de pesca, de caça, de guerra, de colheita. O ouvido deve acostumar-se a seguir as pequenas diferenças, que marcam distinções fundamentais.

Na cidade onde os dois ensaiam, o brinquedo não tem nenhum lugar, não tem o que seguir, não acompanha uma atividade produtiva. Que mérito veem no tamborilar cretino e ocioso aqueles a quem só importa ter objetos em quantidade, poder, terras, máquinas movidas pelos braços dos que nada possuem?

É até um assombro que o brinquedo exista, sobreviva. E que duas pessoas se *organizem* para brincar. Parem tudo, não atendam telefone, percam horários, fechem as portas para brincar. E depois, fazendo respeitar o brinquedo, cobrem ingressos, ganhem dinheiro e se exibam em espetáculo: então legitimado pelo mundo público. O último brinquedo.

Esse brinquedo tem um lado que vai além do jogo do momento, das horas roubadas ao que é do século, ao espírito e à matéria do nosso tempo. Puxa a trama de um outro jogo, irmão e ancestral. Documenta a vida e a música indígena, fazendo viva a raiz antiga, reeditando-a, trazendo-a para ser ouvida e fazer parte, transformada, das composições musicais atuais e futuras. Alarga o espaço para brincar, o pátio da aldeia, infiltra-o no que é "sério", quem sabe um dia ajudará a mudar o conceito do que é sério? Assim, inspirada pelo que provém dos índios, vai a música de Marlui e Caito, seus sons, outra inutilidade no nosso mundo – como quase tudo o que é gostoso, o que é jogo puro, o que é do além.

Encontro inesperado com Iemanjá e Ogum

2 de fevereiro de 2009

A cabeça grisalha penteada em delicadas trancinhas, o corpo magro, pequeno, rijo como de uma jovem, Lili, a mãe de santo, levava seu cortejo, umas 20 pessoas, para fazer a oferenda ritual a Iemanjá. Vestia-se como rainha, saia branca recoberta de renda, blusa de lese envolta no branco pano da costa, em contraste com a pele negra, deixando entrever no pescoço as guias azuis-escuras, cor de Ogum. Era 2 de fevereiro, e a maré quase baixa, perto de meio-dia, saberia aceitar presentes. Ela puxava o coro, em português e iorubá, os outros respondiam. Um barquinho comprido, espécie de canoa motorizada, esperava os dons para levar ao alto-mar. Turistas fotografavam despudorados, e eu me aproximei. Ela me aspergiu de perfume, fumando seu charutão, o que indicava pertencer à umbanda mais que ao candomblé; respondi com uma reverência muda. Nossos olhares intensos dialogaram pela primeira vez. A cena evocava uma história de séculos. O grupo se compunha de negros retintos, como só em algumas regiões do Brasil, Minas, quilombos, lugarejos, no norte, ainda se encontram assim em bloco. Surgiam visíveis o horror da escravidão e a dignidade que souberam preservar, apesar da humilhação e da incompreensível privação da origem e da liberdade. Em Guadalupe, Antilhas, nas praias, vendo as ruínas dos engenhos tão diferentes dos nossos, e o mar considerado túmulo, parecia-me ver os navios negreiros e as masmorras em terra, em forma de gaiola. Gerações, até chegar a essa, mantiveram o brio de seres superiores protegidos por deuses, e é o que transparecia ali, com essa gente que seria certamente pobre, mas densa de um sentido interior, reis investidos de magia na sociedade injusta.

Deixei-me ficar e fui caminhar pela praia, refrescando-me de quando em quando nas águas transparentes. Quando voltei, percebi o grupo abrigado à sombra de coqueiros, cantando, a maioria sentados. A mãe de santo dançava, deviam ser os passos e gestos de Ogum. Os pontos eram em português, com poucas palavras africanas. Perguntei a alguém na praia quem era ela, e assim descobri seu nome. De onde estavam, a uns 30 metros, uma das mulheres notou minha curiosidade e todos me chamaram. Subi pela areia quente e fui recebida por ela, a Rainha. Abraçou-me com força, charuto entre os dedos, sem medo que eu molhasse ou sujasse de areia seu traje impecável, e me acolheu em boas-vindas. Repeti a reverência e sentei-me ao lado das mulheres: uma delas me ofereceu a camiseta imaculada como assento.

Fui cantando junto, para alegria delas. Eram melodias simples, muito bonitas, louvando Iemanjá e Ogum, falando da luz que não podem perder, "ó lua cheia que clareia o mundo intê, a minha luz eu não posso perdê", estrofes que devem existir por aí registradas. Muitas sobre bêbados: "Não vá beber, não vá se embriagar, não vá cair, para a barca não virar...".

A mãe Lili, em transe, na fala ciciada, invocando os dois orixás, jogou-me bons votos para eu realizar todos os meus desejos. Ela, ou as outras, disseram que sou filha de Oxum. Sou filha de Iansã, Oxum talvez também...

De quando em vez, ela se abaixava para uma latinha de cerveja escondida no gelo. Pedi a suas filhas, que fui conhecendo pelo nome (Cecy, Lurdes, Vitória...), permissão para trazer umas cervejas para os orixás – claro que concederam prontamente. Levantei para ir ao bar próximo. "Você volta mesmo?" – desconfiaram. Comprei oito latinhas de cerveja e juntei ao pequeno estoque do santo. "Para Ogum? Para Iemanjá?" – polemizaram. Eu dava para ambos. Ri comigo mesma quando vi que são como os índios. Mãe Lili, em meio aos pontos, pegava disfarçada uma latinha, escondia sob o pano da costa e levava para alguém, numa distribuição imediata.

Pouco depois, ela ordenou que todos se pusessem em fila, para a retirada e fim do ritual. Alguns pediram para ficar mais – alguém comentou comigo: seria bom cantar mais, mas como ficar assim com o bico seco? A indireta para eu me transformar em provedora etílica indicava que era tempo de deixar os novos amigos. Meus tesouros eram poucos, só umas latinhas, de nada valiam comparados aos prodígios ali possíveis, e, no entanto, eram cobiçados. O sagrado e o material sempre entrelaçados, um perturbando o outro, mas inseparáveis, lição há muito aprendida. Os deuses não pedem sempre, e não é só recebendo que fazem chover alegrias? Os contrastes de classe e riqueza não podem deixar de atravessar a felicidade de seres diferentes em um encontro raro, pleno, luminoso como foi o nosso.

Mãe Lili despediu-se de mim com mais bênçãos e afeto, fazendo-me prometer voltar. Insistem na minha presença no dia 8, domingo, grande festa dos pescadores dessa praia de Busca Vida.

Memória I

A quem pertence a memória?

Em São Paulo, em julho de 2004, dividiam a conferência sobre memória e patrimônio intangível, lado a lado, Antonio Augusto Arantes, antropólogo de mérito, conhecedor do mundo caipira e do acervo brasileiro de artesanato, presidente do Iphan (Instituto do Patrimônio Histórico e Artístico Nacional), e Davi Kopenawa Yanomami, o líder e pajé de seu povo. Para estimular o debate, Antonio Augusto, que coordenava a mesa, fez uma pergunta original: "A quem pertence a memória?" Pensativo, parando alguns minutos para escolher a resposta, Davi foi incisivo: "A O'Mam, o Criador, o primeiro ser! Antes dele não existia ninguém, não existia o mundo, nem gente. Foi ele quem nos transmitiu o que pensamos."

Era um sopro de novidade, a maior sacudidela do dia. A pergunta talvez surgisse da preocupação em defender os direitos de um povo, e em definir a autoria, individual ou coletiva – pensando em leis que impeçam a exploração comercial da tradição arcaica. Ou procurasse indagar se o manancial dos índios pertence também aos brasileiros, é apenas da comunidade indígena ou até somente de indivíduos. O Ministério da Cultura preocupava-se em instituir a defesa de um patrimônio brasileiro intangível, como apoio a formas sociais diferenciadas. A reação de Davi foi interna ao saber herdado, passando ao largo do mercado, do dinheiro ou dessa nova definição. Outros teriam afirmado que são os proprietários dos ensinamentos que receberam, e assim aptos a cobrar dos estrangeiros um tributo pelo acesso a um patrimônio exclusivo de um povo. Essa é uma tendência ampla nos povos indígenas, a de buscar renda monetária onde surgir ocasião, supondo que os que pesquisam ou têm curiosidade sobre o conhecimento tradicional pretendem obter lucro com o que aprendem. Há sempre um rei Midas à espreita, ameaçando transformar a arte em ouro. A diferença e o heterogêneo são, além da terra, o que os índios possuem, o que lhes dá algum poder, o que os dominadores não têm e às vezes desejam. Davi, num caminho diverso, aponta que a riqueza vem dos deuses, e a eles, os doadores, é devida. O povo herda, a memória é ancestral. Seria, então, aos deuses que os direitos autorais deveriam ser remetidos, como os sacrifícios... conclusão que ele não expressou. A memória é da esfera do sagrado. Se os deuses são os proprietários, fazem jus a um tributo. Mas abolir a propriedade e dar acesso universal ao imaginário não é o verdadeiro sonho?

A outra pergunta de Antonio Augusto, também relevante, foi se podemos ter a mesma memória, nós e os índios, se há algo que pertence a todos. Davi pensou, pensou, e disse que não entendia a questão, e não saberia dizer.

E se na primeira questão ele se revelou superior, pensando apenas no valor da arte e do imaginário, e não na riqueza material e no dinheiro que um povo poderia ganhar por deixar entrever uma parte dos segredos de que é dono, na segunda talvez não tenha tido tempo para refletir. Pois o grande desafio é unir o universal, tesouro de todos os homens e mulheres, e o específico, o dos grupos, como os povos indígenas, que têm parentesco entre si, história em comum, a mesma terra. A tradição enraíza, mas amarra; é um lastro, mas oprime, ao proclamar que só um povo é gente verdadeira. A verdade é que todos os que estão na terra são donos de todas as tradições, e de nenhuma, iguais e diferentes – um núcleo difícil de entender e, mais ainda, de ser vivido.

Na fala anterior às perguntas, Davi insistia que sem terra, sem floresta, sem lugar, não há memória. Tem razão: basta pensarmos que a memória não é neutra, pode ser abafada, arrancada, quando não há condições sociais e materiais para que se mantenha. (Há, sim, por absurdo que seja, memória sem terra, como a de tantos povos perseguidos, os ciganos, os judeus em grande parte da história, os palestinos. A falta ou a ameaça vai unindo, assim como o fio espiritual do pensamento.)

As conferências da mesa sobre memória, mesmo curtas, mostraram um avanço dos conceitos sobre tradição e cultura. É preciso reconhecer que a cultura hegemônica, dos dominadores, é que sempre foi valorizada e instituída, desprezando o mundo dos explorados, dos imigrantes, dos afro-brasileiros, dos índios, dos marginais, dos iletrados, dos trabalhadores, dos caipiras e outros. Quantas raízes e componentes brasileiros são sufocados: não apenas os afro-brasileiros ou indígenas, mas também os de todos os destituídos. E essa memória, degradada ou inteira, persiste, é teimosa, atravessa os tempos e desastres.

Houve, sobretudo por parte de alguns representantes governamentais, certo retrocesso nas afirmações pluralistas: insistiu-se na identidade nacional, como um todo integrando diferentes vertentes.

As palavras são traiçoeiras e pareciam ignorar que a memória é múltipla, pode ser estimulada, e uma instituição nacional conjunta já é etnocêntrica, pressupõe um jogo de poder. Os meios de comunicação de massa ou as instituições podem engolir ramos do conhecimento ou impedir que floresçam.

Erigir memória em patrimônio intangível contém riscos. Tradições, costumes, crenças, para se manterem e serem transmitidos, estão ligados a formas de sobrevivência e recursos materiais, à educação, a oportunidades sociais. Não são imutáveis – estão sempre em transformação. Se instituir um patrimônio cultural reconhecido der força política e material ao que está sendo ameaçado, pode ser útil. Muita regulamentação pode ser também uma camisa de força para o acesso ao imaginário e ao outro.

Pensemos nos pajés. Como impedir que desapareçam? Que as igrejas convertam os povos? Que o alcoolismo os atinja? Que as iniciações e provas de coragem deixem de existir? Que a necessidade de renda monetária não atrapalhe o sem tempo de voltar-se para o além? Terra e educação são dois eixos básicos, assim como muitas outras formas de apoio. Não basta que os pajés possam cobrar pela autoria do contato com os deuses ou por seu saber, ou que sua propriedade aos cantos e curas seja declarada.

O registro da memória exige o respeito ao outro; a raízes coletivas, que são muitas e diversas entre si, compreendendo quadros históricos e socioeconômicos, as desigualdades e injustiças. Pluralidade e diferença forjam tradições. A memória traz o sentido cósmico, da vida, da passagem de gerações, lida com a morte. A memória é a imaginação – viver muitas vidas, a própria e a dos outros, do país e de outros lugares. É universal e particular, ambas as coisas. Relatos e lembranças fazem viver a vida dos outros, imaginar sofrimentos e situações, expandem perspectivas e o senso de justiça e ética.

Direitos culturais, e a um patrimônio, devem levar em conta todos esses ângulos. Uma tradição não pode nem deve sobreviver matando as outras – a coexistência é um problema central. Um dos grandes exemplos da polêmica é a questão do véu e do shador dos imigrantes muçulmanos na Europa. Há tradições libertárias e outras que oprimem, atingindo as mulheres e crianças, por exemplo. A mudança e a descoberta têm que ser feitas com persuasão e diálogo, com espaço social.

A quem pertence a memória? É livre, como o pensamento, embora amordaçada tantas vezes, quando o que é lembrado ou se deseja transmitir de uma geração a outra não tem espaço social ou prestígio. Quantos povos rejeitam suas origens para não serem desprezados, ou para se tornarem semelhantes aos outros, os que mandam? Esse direito a não cair na uniformidade é que deve ser realçado, o que a política cultural deve buscar. Separação entre Estado e Igreja, por exemplo, é um passo nessa direção.

Memória II: *Adanggaman*

O filme *Adanggaman*, do diretor costa-marfinense Roger Gnoan M'Bala, começa com um homem negro sendo aprisionado numa rede, amordaçado, a boca coberta com uma tampa de ferro, num ataque de outro povo à sua aldeia. Tenta gritar que é livre, que seu espírito jamais será escravo. O impacto lembra as *Guerras camponesas na Iugoslávia* (título original *Ano domini 1573*), de 1975, um dos mais impressionantes filmes de todos os tempos, de Vatroslav Mimica, exibido na Segunda Mostra Internacional de Cinema de São Paulo em 1978. Neste, a primeira cena é uma caçada humana: os nobres, no século XIV ou XV, na Iugoslávia, divertem-se caçando e matando camponeses na floresta, em vez de alvejar animais.[1]

Na África Ocidental do século XVII, reis do lugar tinham poder absoluto, nenhum valor ético, e guerreavam para aprisionar inimigos e vender escravos. Claro que o mercado europeu era um estímulo a essas relações – como tão bem aparece, por exemplo, no livro de Pepetela, de Angola, *A gloriosa família*, que se passa mais tarde.

O herói do filme, Ossei, é um jovem em luta contra a autoridade do pai, chefe do seu povo, que escolheu uma noiva para o filho. Ossei tem uma amada, que não é "nobre", é considerada inferior. Foge porque não consegue dobrar o pai – e na sua ausência há o ataque, morrem pai, amada, noiva rejeitada, e sua mãe é escravizada. Ossei, enquanto fugia, foi ferido por uma das ferozes amazonas a serviço dos predadores, mas consegue escapar – algo quase impossível quando se trata dessas mulheres invencíveis. Um curandeiro trata de sua ferida e faz sombrios vaticínios sobre a sorte que os espera. Ossei, ao seguir, sem ser visto, a caravana dos seus parentes escravizados, vislumbra a mãe. Entrega-se, junto com o curandeiro, para oferecer sua liberdade pela dela – mas a crueldade do rei vencedor não tem limites, é incapaz de qualquer contrato ou acordo que não seja o de sua vontade imediata. Os dois homens são escravizados. A mãe, trazida à presença do rei, faz um discurso violento e libertário, acusando-o de vender os seus aos inimigos brancos. O pajé curador reconhece na amazona que ferira Ossei a sua filha querida roubada, pouco depois da primeira menstruação, logo depois de fazer o ritual de iniciação de seu povo.

A fala da mãe de Ossei e a morte do seu pai curandeiro como escravo provocam uma transformação na moça, que liberta Ossei durante a noite. Os dois fogem e vivem juntos um tempo, plantando no que haviam sido as terras do curandeiro – mas são outra vez aprisionados. Ossei será escravo nas Américas até o fim da vida, mas também Adanggaman, o tirano, que, bêbado, será vendido como escravo por um auxiliar. A moça morre – ou revive – no colo de espíritos, que permeiam o filme, como na cena misteriosa em que ela os vê recolherem o corpo inerte do curandeiro assassinado.

Para nós, que amamos os povos com fortes laços comunitários, sem propriedade privada, mais ligados à natureza, com tecnologia pré-industrial, uma lição: há tiranos e monstros em todas as sociedades, e gritos de liberdade e coragem em toda parte.

E o que mais nos surpreende – pois a crueldade e as relações de opressão e totalitárias horrorizam, mas infelizmente são quase comuns – são essas mulheres arrancadas meninas de seus pais, escravizadas e moldadas em guerreiras impiedosas, de uma disciplina mais que militar e espartana, como se não tivessem sido criadas, pequenas, para seduzir, ter filhos e amar. O oposto das gueixas, também meninas inicialmente vendidas ou extraídas das famílias, aprendizes das artes de entreter, cantar, tocar e afagar os homens.

É possível, por um sistema educacional, metamorfosear tão completamente os seres humanos, enterrando a memória e o que foram? A amazona de Ossei recupera as raízes, inscritas no corpo pela tatuagem iniciática feita por seu pai, quando era adolescente. Poucas palavras, as da velha corajosa, para acender a labareda: ensinar o que é a injustiça, despertar a indignação e dar lugar ao amor.

Nota

[1] Em 1573, camponeses croatas e eslavos se rebelam contra seus amos, mas são dominados e levados para a cidade. Apoiado no livro de Friedrich Engels, *As guerras camponesas na Alemanha de 1524/1525*, o diretor Vatroslav Mimica procura mostrar as condições da época medieval.

Canto da Casa Vizinha

A cada manhã, ecos da memória ressoam na voz de Manu Mindlin Lafer:

TODA MEMÓRIA TEM SEU PREÇO
COMO OS ENCONTROS TÊM COMEÇO
OGIVAS E RABISCOS
RECINTOS, CORREDORES, LABIRINTOS
DO PRIMEIRO OLHAR
(DO SONHO DE OLHAR)

TODA MEMÓRIA TEM URGÊNCIA
COMO OS AMORES, DIFERENÇA
TRAÇADOS E DESVIOS
OS PÁTIOS, DISSIDÊNCIAS, DESVARIOS
DO PRIMEIRO OLHAR
(DO SONHO DE OLHAR)

TODA MEMÓRIA É INCUMBÊNCIA
COMO OS SORRISOS SÃO AUSÊNCIA
PASSEIOS IMPRECISOS
GERÂNIOS DE GERÚNDIOS IMPASSIVOS
DO PRIMEIRO OLHAR
(DO SONHO DE OLHAR)

TODA MEMÓRIA TEM SEU ERRO
COMO AS PAREDES DEVANEIO
DESTERROS, EXTRAVIOS
OU FLORES NOS CONCRETOS ABRASIVOS
DO PRIMEIRO OLHAR
(DO SONHO DE OLHAR)

Manu Lafer, "Memória", CD Doze fotogramas.

(Copyright (2000) by MANU LAFER/COPYRIGHTS CONSULTORIA – Todos os direitos autorais reservados para todos os países do mundo.)

A cabeça voraz

Num mito tupari de Rondônia,[1] uma mulher casada divide-se todas as noites. A cabeça parte em busca de carne e alimentos de outras malocas e aldeias; o corpo mutilado fica na rede, carinhosamente abraçado ao marido. De madrugada, supostamente saciada, a cabeça volta e cola-se ao próprio corpo.

O marido nada percebe, mas acorda com o peito ensanguentado, sem saber por quê. A mulher é boa esposa, faz uma *chicha* saborosa, sopa nutritiva que entre os Tupari é fermentada por um processo de mastigação, pelas mulheres, de um bocado de milho, cará, mandioca ou inhame. O que o marido não sabe é que, em vez de mastigar, ela costuma cortar um dos dedos e pingar sangue na sopa para fermentar. Intrigados com o sangue no peito do rapaz, seus parentes resolvem ficar à espreita. Descobrem o corpo sem cabeça, que jogam numa fogueira. A cabeça, de longe, urra de dor, vem voando para colar-se ao corpo no meio das chamas. A mulher, inteira outra vez, toda queimada, vira bacurau (pássaro noturno da família *caprimulgidae*, por vezes denominado engole-vento como o curiango) e sai voando.

Vem nas noites seguintes, lamuriosa, chamar o marido. É agora um espírito malévolo, um *Tarupá*. Diz que o ama, pede-lhe que a acompanhe.

Depois de hesitar, ele a segue, aprendem ambos a voar, vão para o reino do céu agarrando-se a um cipó, atingem as alturas, onde passam a viver com os bacuraus. Estes são assustadores, sobrenaturais. O marido, ou a mulher-bacurau, vira uma estrela, perto das que chamamos Três Marias.

Os Tupari acreditam que quando o bacurau canta à noite é porque alguém vai morrer. Segundo a tradição, quando alguém é morto, assassinado, o bacurau sente o cheiro de sangue e desce para chupar seu sangue e comer a sua carne. O pássaro mítico, assim, seria carnívoro, ou chuparia sangue, embora os bacuraus, da família *Caprimulgidae*, alimentem-se exclusivamente de insetos. Têm bocas enormes para apreender a comida em voo,[2] o que certamente é do conhecimento dos índios.

A imagem psicológica

Esta história espantosa dá o que pensar a quem a ouve pela primeira vez. Uma lição sobre a voracidade feminina, a gula excessiva – carnívora, embora alguns narradores falem apenas de produtos da roça. Uma mulher não humana, esquisitíssima, para quem o sangue – assustador e perigoso sempre – não é problema, pois utiliza na alimentação da aldeia o sangue secreto do dedo, vampiro às avessas...

O bacurau, aprendendo a subir ao céu, liga a esfera terrestre, humana, à celestial, à do além, ao mundo aterrorizante dos espíritos, dos que anunciam a morte e vêm atrás de cadáveres. Aparece uma estrela – o que, muitas vezes nesses mitos, é resultado de mutilações. Desordem nas regras sociais, com uma sanguinária devoradora; nova ordem no mapa celestial, um astro surge.

A imagem na ficção não indígena

Certamente esse tema das narrativas orais indígenas impressiona porque não é comum, talvez mal exista na ficção ou no imaginário mais conhecido das nossas publicações – o da literatura escrita –, apesar de todas as histórias de horror, de crime, de espanto, apesar do terror da Revolução Francesa e da guilhotina, de *Alice no País das Maravilhas*.

Na mitologia grega, como em outras, há mutilações: Dionísio é um exemplo, despedaçado e sem identidade, a ponto de perder até mesmo a definição exata de qual é o seu sexo. Estamos habituados aos vampiros, às mulas sem cabeça, às górgonas, às cabeças invertidas que trocam de corpos, como num romance de Thomas Mann, aos contos fantásticos de Wells, Hoffmann e Poe – não a cabeças ativas e autônomas com movimento próprio.

A versão Makurap

A versão da mesma história entre os Makurap,[3] um povo vizinho aos Tupari, dá uma virada intrigante. Num casal muito unido, a cabeça da mulher também sai a passeio todas as noites, ávida por caça, insatisfeita com a que o marido proficiente providencia. Dizem alguns que ela tinha tal quantidade de piolhos, impossíveis de matar, que seriam eles quem queriam carne e separavam sua cabeça do corpo.

O marido, dessa vez, sabe o segredo – aparentemente aceita sem problemas a proximidade mutilada pela noite adentro, tolerante para com a independência feminina nessa forma tão incompreensível, tão anormal.

É a mãe da moça, ao chamar a filha de madrugada, ainda em plena escuridão, para ir à roça numa colheita destinada a uma festa, quem descobre o corpo sem cabeça. Horrorizada, acusa o genro de matar a filha; ele nega, pede para esperarem a volta da cabeça aventureira, mas a família não acredita, enterra a moça sem cabeça. Quando a cabeça volta, não encontra seu complemento. Desesperada, cola-se ao ombro do marido.

Amam-se, mas a cabeça se torna insuportável, putrefata, em decomposição, malcheirosa. O marido passa a ser um homem com duas cabeças, obedecendo a ordens, alimentando a cabeça da esposa com uma quantidade nunca suficiente de carne. Para onde irá o alimento que a boca devora? Essa é a indagação do narrador. E daí é um trabalhão para livrar-se dela, do odor asfixiante. O caçador inventa um estratagema: dispõe, num moquém distante, muita caça para a mulher ir atrás; e enquanto ela se afasta, aliciada, o marido foge.

A cabeça, sozinha, fétida, passa a ser um *Txopokod*, espírito ameaçador que devora os homens como devorava a carne, até que um dia um guerreiro esperto, corajoso e veloz, consegue exterminá-la.

Uma interpretação

Na versão Makurap, assim, o bacurau é substituído pela cabeça grudenta. A mulher voraz é a que se agarra ao homem, colante, incômoda, outro tipo de excesso, de comportamento imoderado, outra lição sobre o que não deve ser e horroriza, mau cheiro insuportável; a amante supérflua, antes tão desejada, agora praga e tormento do qual é preciso se livrar.

Uma mulher moderna poderia ampliar as analogias, perguntando se a cabeça pensa – a voracidade poderia ser também intelectual, querer saber de tudo em toda parte, abraçar o mundo, apartar-se do papel doméstico e erótico de esposa noturna na rede? Não é o caso, provavelmente este não é um símbolo indígena. O engole-vento tem uma boca imensa, como que rasgada, a associação só pode ser com a gula ou com o sexo. A cabeça estaria no lugar da sexualidade, aventuras noturnas eróticas da esposa bem-comportada durante o dia?

A cabeça voadora, a lua e **Macunaíma**

O motivo da cabeça voadora tornou-se parte integrante e difundida da ficção brasileira a partir de *Macunaíma*, de Mário de Andrade, que contém um mito kaxinauá documentado por Capistrano de Abreu.[4]

Esse mesmo mito kaxinauá foi registrado por André Marcel D'Ans na década de 1970,[5] portanto cerca de 70 anos depois de Capistrano de

Abreu. É a história da lua-cabeça, que começa com um incesto entre irmão e irmã. O irmão criminoso é descoberto: enquanto dorme, a irmã, que não sabia quem era o seu visitante noturno, faz uma pintura em seu rosto com jenipapo – uma tinta indelével por vários dias – e, ao anoitecer, a identidade do namorado é revelada. O moço foge para o mato e é morto por um grupo de anões inimigos.

Sua cabeça é cortada e os anões divertem-se com ela, pois continua viva, mesmo sem o corpo, fazendo esforços para fugir das flechas que lhe atiram. O cunhado do irmão incestuoso salva a cabeça, mas esta o persegue, não o deixa mais em paz. Depois de muitas peripécias, o cunhado consegue refugiar-se na aldeia.

A mãe do morto-cabeça o convence a ir embora, pois uma cabeça isolada complica muito a vida dos homens. A cabeça decide subir ao céu por um fio que pede à mãe, e quer transformar-se em alguma coisa que não sabe o que é, que os homens não utilizem. Depois de pensar em muitas possibilidades, escolhe ser a lua. O fio pelo qual subiu vai virar o arco-íris. Ninguém poderia dizer o nome da lua nem do arco-íris, ou apontar para o céu; mas uma mulher desobedece, apontando a lua, e desde então as mulheres menstruam; um homem desobedece, nomeando o arco-íris, e desde então existe a morte.

Em versões registradas por Capistrano de Abreu, não há o incesto – o dono da cabeça morre numa aldeia inimiga, num caso; noutra variante é uma moça que não quer se casar e é decapitada pela mãe.

A cabeça voadora e Lévi-Strauss

Se Mário de Andrade tornou a assombrosa cabeça voadora familiar, é com Lévi-Strauss que percebemos como um mito, à primeira vista excêntrico e estrambótico, é apenas uma ponta, um nó, um fragmento de um verdadeiro caudal de histórias semelhantes, transformações das primeiras, com inovações, inversões, oposições diversas de partes dos mitos, mas que inserem num todo o que parecia feérica imaginação isolada.

Uma boa parte de *A origem das maneiras à mesa* e de *A oleira ciumenta*[6] dedica-se à cabeça decapitada. Lévi-Strauss não está interessado em interpretar qualquer mito separadamente; o que lhe interessa é o conjunto, as transformações dos motivos de um mito para outro, a linguagem dos mitos entre si, a estrutura dos mitos composta das mesmas oposições com sentidos e posições diferentes. Mas é a cabeça cortada que, como a lua em que se metamorfoseia, ilumina seus livros.

A origem das maneiras à mesa

A origem das maneiras à mesa começa com um mito tikuna, relatado por Nimuendaju. A personagem principal é um caçador que se casa com animais sucessivos, cada um virando mulher a seu turno: uma rã, um verme ou minhoca, uma arara. A mãe do rapaz sempre o atrapalha e, de um jeito ou de outro, faz a nora desaparecer. O mito conta como o herói, depois de três casamentos, de caçador se torna pescador, quando galhos de árvores que corta se transformam em peixes. Nesse novo ofício, empreende com o cunhado uma viagem em piroga, em busca da terceira mulher que virou arara novamente. Conseguem encontrá-la, mas ela desaparece.

Sua quarta mulher é humana, não animal; é essa que se divide, durante o dia, e a metade superior do corpo, da cintura para cima, se atira à água para pescar, enquanto a metade inferior fica esperando na margem do rio. A mãe do herói mais uma vez perturba a harmonia do casamento do filho: ao descobrir a metade do corpo da nora estendido, arranca-lhe a medula. Quando a moça volta, não consegue se reconstituir e fica presa a uma árvore; ao ver o marido, gruda nas costas dele e não o deixa mais em paz, até que ele a engana, dizendo que deve ir pescar piranhas sozinho. Para não ser devorada, ela se aparta e fica esperando; acaba se transformando em um papagaio tagarela.

De maneira artística, Lévi-Strauss detém-se em relações internas desse mito, que mais tarde permitirão entender outros: a relação alimentoexcreção (pois é urinando e defecando que o herói engravida as duas primeiras mulheres – a rã e o verme – e as duas outras o alimentam com produtos da roça e com peixe), a agricultura-caça-coleta, a endogamia ou exogamia (casamento exogâmico com animais, endogâmico com uma mulher), a proximidade ou distância entre os cônjuges.

A viagem na piroga vai permitir, mais adiante, relacionar esse mito com outros sobre sol e lua, que falam de outras pirogas (uma delas *maia-quiché*), com os dois astros pintados na quilha. Como noutras histórias sol e lua são esposas ou maridos, será possível refletir sobre a distância ou proximidade impensável entre marido e mulher.

A metamorfose na esposa grudenta

Aparecem ao longo do livro de Lévi-Strauss muitos outros mitos nos quais a cabeça voraz se transforma na mulher grudenta, como na história Makurap.

Um mito uitoto amazonense [7] conta sobre espíritos que mutilam e reunificam cada noite o corpo da mulher de um caçador. Este os surpreende e eles abandonam a vítima sem colá-la – a cabeça, então, cola-se ao corpo do marido, para castigá-lo por haver desafiado os espíritos. Quanto a ela, vira um papagaio.

Num mito warrau,[8] um caçador enfia uma flecha nas órbitas de um crânio humano; trata-se de um espírito maligno que gruda nele. Um mito shipaia,[9] relatado por Nimuendaju, fala de uma mulher cuja cabeça, à noite, se separa do corpo; gruda no marido, mas ele consegue livrar-se dela.

Num mito iroquês, um homem salva um doente que gruda nele – o herói acaba se enforcando junto com seu alter ego, como única forma de livrar-se dele, mas falha, um cachorro impede sua morte e a de seu duplo. Um mito assiniboine conta de um rapaz que recusa todas as noivas; para vingá-las, uma velha feiíssima gruda nele, que só consegue se soltar quando promete casar com a mulher que o libertar da velha.[10]

Da mulher colante ao pênis alongado

Entre muitos outros mitos, Lévi-Strauss passa às rãs que viram esposas grudentas. Um curioso mito munduruku,[11] contado por Murphy, fala de uma mulher-sapo que prende um homem na vagina ao se transformar em mulher e seduzi-lo. Ela pede que ele a avise antes do orgasmo; ele obedece e sai, mas o pênis fica preso e se alonga. A mulher-sapo o solta, mas seu pênis compridíssimo deve agora ser enrolado em volta de si para que possa andar. São as lontras que o curam.

Aparentemente, esse mito nada tem a ver com a cabeça cortada, mas Lévi-Strauss arrola muitos outros sobre pênis alongados gigantescamente, testículos eskimó longos, pênis mutilados, pênis tacana alongado indo até a lua.[12] Pênis longo e mulher grudenta, segundo o pesquisador, sugerem valores simétricos, pedaços grudados.

Astros e mutilação corporal

Uma grande seleção de mitos sul e norte-americanos, cujas intrincadas relações entre si vão sendo demonstradas, é utilizada por Lévi-Strauss para indicar como a mutilação corporal está ligada ao aparecimento de constelações, astros em geral, por vezes sol e lua. Em alguns desses ou noutros mitos, o papel da cabeça cortada grudenta é assumido pelas rãs.

Toda uma vertente nessa direção pode ser exemplificada por um mito hidatsa, ou um arapaho muito semelhante, sobre as esposas dos astros.[13] Nele, Lua e Sol, irmãos, resolvem se casar. Sol acha que as rãs são mais bonitas que as mulheres, porque estas não conseguem olhá-lo durante o dia; com a luz excessiva, ficam cheias de rugas, apertando muito as pálpebras, e ele nem consegue ver se são bonitas porque o evitam, virando o rosto. Lua prefere as mulheres hidatsa.

Resolvem levar para sua casa uma mulher e uma rã, para compará-las. Lua rapta uma jovem hidatsa, que subira numa árvore para perseguir um porco-espinho (no qual Lua ele próprio se transformara), e Sol leva uma rã para o céu.

Nos céus, há um concurso de mastigação para ver qual das duas esposas faz o melhor barulho. A mulher humana de Lua come bem, mastiga com ruído; a rã apenas mastiga carvão e baba, sujando-se. Lua, irritado com a cunhada, joga-a no fogo, mas ela pula e gruda nele, afirmando que nunca mais o largará. Desde então, Lua tem as manchas pretas na face iluminada que vemos, que representam a rã colada em seu rosto.

A oleira ciumenta

Em *A oleira ciumenta*, mais ainda juntam-se a cabeça voadora, a esposa grudenta e o engole-vento ou bacurau. O livro gira em torno de um mito jívaro em que Sol e Lua são casados com uma mesma mulher, a Engole-vento. Esta gosta do Sol, quente, mas tem medo de Lua, que é muito frio. Lua, humilhado, foge para o céu por um cipó, não sem antes soprar o Sol, eclipsando-o. A mulher Engole-vento fica, assim, sem marido algum. Vai para o céu atrás deles, levando um cesto cheio de argila, mas Lua, para se livrar dela, corta o cipó pelo qual ela subia. A argila se espalha pelo mundo. A mulher transforma-se no pássaro que tem seu nome, chorando sempre nas noites de lua.

Até aqui, o elo com as histórias Makurap e Tupari é o engole-vento e, se pensarmos nos outros mitos, Sol/Lua, a figura da mulher grudenta, por vezes a rã.

Caráter soturno do engole-vento

O engole-vento é um pássaro com enorme boca, que vai até suas orelhas, engole insetos grandes como a mariposa e é, segundo Lévi-Strauss, ligado à morte e ao mundo subterrâneo – às vezes com conotação positiva, pois, como ele lembra, os Tupi achavam que os engole-ventos trariam boas-novas de parentes mortos.

Lévi-Strauss lembra ainda que no *Popol vuh* – livro sagrado dos Maia-quiché – os pássaros noturnos guardiães do reino infernal seriam provavelmente os engole-ventos; e para os Tikuna, as almas dos mortos voltariam sob a forma de engole-ventos, espíritos maléficos sugadores de sangue e devoradores de carne e de ossos dos vivos.[14] Lembra também que há uma crença europeia de que são suga-cabras (o nome da ordem é *caprimulgiformes*) e sobrevoariam rebanhos para sugar o leite. Nada poderia combinar melhor com o bacurau do mito tupari, descendo para um repasto com os cadáveres assassinados...

O ciúme e a gula: excesso

A partir do mito jívaro, Lévi-Strauss acentua como o ciúme conjugal é característica dos engole-ventos (se Sol e Lua soubessem dividir bem a mulher engole-vento, nada teria acontecido): "o pássaro aparece em primeiro plano nos mitos cujo tema é a separação ou desentendimento entre os sexos, devido ao ciúme entre dois homens com relação a uma mulher, ou ciúme de um ou uma amante rejeitado(a), ou ainda à impossibilidade da união de dois amantes, ou aos desentendimentos de um casal. Mesmo nos mitos em que o engole-vento aparece como autor ou resultado de uma decapitação, os motivos mencionados não estão totalmente ausentes: a decapitação também acarreta uma separação. Como o casal separado, a cabeça ou o corpo desligados um do outro sofrem a perda da outra parte".[15]

Mais adiante, *A oleira ciumenta*, em uma série de mitos, vai dando ênfase à oralidade, à avidez e à gula como atributos fundamentais dos engole-ventos. Num mito kayapó,[16] "um marido malvado trata a mulher como escrava, e proíbe-a de comer carne e de tomar água. Durante a noite, ela sente uma sede terrível. Enquanto o marido dorme, aproveita para ir ao lugar onde as rãs coaxam, sinal de que lá deve haver água; mas teme que o homem descubra a sua ausência. Então ela tem a ideia de se dividir em dois pedaços; o corpo ficaria ao lado do marido, e a cabeça voaria, usando os longos cabelos como asas, para matar a sede. Mas o marido acorda, percebe o truque da mulher e espalha as brasas da fogueira. A cabeça não consegue encontrar o caminho de volta para a casa, agora às escuras. Voa a noite toda em busca de seu corpo, enquanto o marido o assa. Continuando a voar, transforma-se em Engole-vento. Passamos assim do motivo do guloso ou da gulosa egoísta para o da decapitação."

Juntam-se aí a cabeça decapitada, o engole-vento e, tenuemente, pela menção às rãs, a mulher grudenta.

O riso, o alimento, o excremento

Um mito tikuna é evocado como outra forma de explosão ou avidez do engole-vento; foge um pouco ao tema, mas é muito engraçado. Só uma velha possuía o fogo e o recebera do engole-vento que o guardava dentro do bico. Os índios, curiosos, perguntam à velha por que ela cozinha tão melhor que todo mundo; ela responde que cozinha o beiju com o calor do sol. O engole-vento acha tanta graça na mentira da velha que explode de tanto rir; os homens avistam o fogo e rasgam sua boca à força (para pegar o fogo, explicação do tamanho escancarado da boca dos engole-ventos para os Tikuna).

Segue *A oleira ciumenta* por sendas fascinantes, contrapondo o ávido engole-vento ao preguiça econômico que come e evacua pouquíssimo, com longos intervalos, ou ao joão-de-barro, sempre próximo e em diálogo permanente com a esposa, alegre, ao contrário do engole-vento soturno e partido, separado do cônjuge e explosivo. Analisa, entre outros temas, alimentos e excrementos – estes separados do corpo como pedaços mutilados, transformados por vezes em astros ou cometas.

Outros ramos de "A cabeça voraz"

O prazer de ler e ouvir uma história tão pouco usual como "A cabeça voraz" já é grande, mesmo quando faltam outras informações ou uma visão de conjunto. A perplexidade é parte do encanto; é o imprevisto das imagens.

Percebemos que poderíamos compreendê-la muito melhor se soubéssemos o que esta sociedade – a que conta os mitos – conhece sobre Astronomia, Botânica, Zoologia, como se organiza e quais são os seus hábitos, se entendêssemos bem a língua da narrativa. Apesar dessa ignorância, quanto mais histórias ouvimos, mais elas nos prendem como uma obra de ficção e vão se tornando familiares, com seus enredos que espantam e acordam estranhos ecos.

Certamente, uma das atrações de ouvir ou ler uma quantidade maior de mitos é reconhecer que fazem parte de uma vasta raiz, indígena, local ou universal, de uma fonte oculta que parece infinita, misteriosa, mas ao mesmo tempo vai se desvendando passo a passo. Parece inexorável ler ou ouvir espontaneamente cada história, mergulhando, tentando apanhar o significado restrito do que está ali inserido, fruindo a forma e o estilo – e ao mesmo tempo voar pelas analogias e ligações com outros mitos.

Entre os mitos de Rondônia, muitos outros tornariam ainda mais densa "A cabeça voraz". É uma pena resumir os mitos, contados com tanta arte, mas não há outro jeito se tentamos costurá-los com fios diversos.

O sexo sem homem

Uma história tupari conta que uma moça solteira não gostava de homem algum e fizera para si um pênis de barro, com quem namorava como se fosse um homem de verdade. Um dia, umas espécies de lacraias, que na região são chamados de *emboás*, cheios de pernas, enfiaram-se no oco do namorado de barro da moça, ficaram dentro de sua barriga no quentinho, chupando suas entranhas, e enchendo-a de *emboás*, como se estivesse grávida, sem ter namorado homem algum. Ela teve o maior trabalho para livrar-se deles todos, tinha de sentar-se em orelhas-de-pau, que os *emboás* gostam de roer, para que eles saíssem. Desde então, diz a narradora, nunca mais ousou usar o seu instrumento de barro.

Noutra história tupari, uma moça reclusa, por estar menstruada, namora uma cobra-cega, espécie de minhoca. Engravida, a barriga vai crescendo, pinicando e atormentando-a de dor. Os filhotes nascem por todos os buracos de seu corpo e ela morre.

Num mito kaxinauá,[17] uma linda moça que não quer se casar namora um verme às escondidas. Engravida, o ventre vai crescendo e a mãe da moça descobre tudo e mata o verme... Tristíssima, a moça foge para a floresta para ser devorada pelos jaguares. Mas um jaguar se transforma num guerreiro lindíssimo, com magníficas flechas pintadas, nas quais haviam se transformado suas garras. Promete curá-la e tirar os vermes de dentro dela. Ela deve deitar na água corrente, abrir as pernas sem jamais tentar fechá-las, enquanto o jaguar bate timbó. Os vermes vão saindo, numa cena horrível, transformando-se em cobras. No final, ela não aguenta e fecha as pernas – por isso até hoje temos vermes. A história continua, longa, acompanhando a vida da moça e suas desventuras entre os jaguares.

Um mito wayãpi, da Guiana, junta esse assunto ao da cabeça voadora.[18] É a história das Plêiades ou da mulher de brincos. Uma mulher casada, ao ralar mandioca, brinca com um verme, toda feliz, namorando, rindo sozinha; engravida. Nascem dois peixes. A mãe da moça, horrorizada, pega-os para cozinhar na pimenta, num momento em que a moça sai, e dá para ela comer. A moça, sem saber de nada, come, e quase morre com o ardido da pimenta. Corre para o rio para beber água, mas tropeça, cai, e sua cabeça desprende-se do corpo... mas volta e cola-se ao pescoço outra vez.

Um dia, seu marido vai queimar a roça nova, e ela tem sede. Ele a manda ao rio para beber água: a cabeça vai sozinha. O marido fica bravo ao ver o corpo sozinho, e joga-o na fogueira da roça.

Quando a cabeça volta, gruda-se às costas do marido. Ele só consegue livrar-se dela quando a convence de que deve subir sozinho a uma árvore para colher frutos; atira os frutos com força na cabeça lá embaixo. De tanto levar as pancadas dos frutos, a cabeça não consegue sair do lugar, e o marido foge. Passa uma anta, e a cabeça gruda-se no animal. A anta morre; a cabeça fica ao lado, esperando a chegada das aves de rapina, passa um pequeno veado, no qual ela se gruda, mas que morre. Ela fica ao seu lado; vêm as aves de rapina, a cabeça gruda-se ao pescoço delas. E vai com elas para o céu, mas lá, salta e se agarra ao céu. E seus brincos se transformam, com ela, na constelação das Plêiades.

A domesticação das mulheres

Insiste Lévi-Strauss sobre a função de educação das mulheres que têm esses mitos: o que a mulher deve ou não fazer, seu papel ideal, qual o comportamento prescrito nos rituais de passagem, como puberdade ou parto, quais as formas ideais de casamento, com cônjuges próximos ou longínquos como os astros, quais as transgressões impensáveis.

As histórias da cabeça-sem-corpo sobre o masculino/feminino, a voracidade e o excesso são iluminações sobre o céu e a terra, as alturas e o mundo em que vivemos, a vida e a morte. Em geral, a cabeça decapitada, grudenta, parece ser de mulher; mas há um mito makurap sobre um marido morto que se cola insuportável, putrefato, ao corpo da mulher viva, que a muito custo se livra dele, numa boa parábola para as viúvas ou mulheres separadas. (Também dois mitos sateré-mawé, que registrei em 1996, são de cabeças rolantes de homens, sendo um deles um homem adúltero. Vimos que o mito kaxinauá também se refere a uma cabeça rolante masculina.)

Eis aí quase historinhas morais para ditar o comportamento esperado ou proibido nas mulheres. Buscar o prazer sexual sem ser com o marido; pior que isso, até sem os homens, com a solução extrema de recorrer a um verme ou a um bastão de barro, livrando-se das exigências sociais, de trabalho e de conduta que a sexualidade e o afeto ditos normais impõem, eis o crime, ocasionalmente criativo porém, pois pode redundar no aparecimento de um astro.

Revivendo o emaranhado

Ir buscar os fios invisíveis que ligam a outros esses mitos misteriosos talvez possa contribuir para torná-los mais vivos, circulando, exibindo sua capacidade inventiva, realizando seu potencial de "despertar no homem os pensamentos que lhe são desconhecidos", como diz Lévi-Strauss em *Mito e significado*, inspirando a ficção moderna.

Com Lévi-Strauss, principalmente com *O pensamento selvagem* e com as *Mitológicas*, os mitos indígenas passaram a ser vistos como respeitáveis, o universo indígena apreciado com o mesmo estatuto que a ficção e a mitologia de outros povos, como a grega clássica ou a hindu. Ainda assim, a leitura de mitos continua sendo considerada difícil, externa aos padrões culturais mais familiares, feita mais por especialistas que por leitores comuns, que julgam não os compreender.

Há sempre o problema da escrita e sua forma. Os mitos brasileiros, em seu modo oral característico, não são acessíveis ao grande público. Caso fossem escritos, seriam mais acessíveis pela leitura, mas, em sua maioria, ainda não passaram por esse processo. A escrita os transforma, muda-lhes o caráter, mas ainda assim é um registro, um instrumento contra o desaparecimento total. A transmissão da tradição oral está cada vez mais ameaçada pelas transformações e dramas da vida indígena, pela mudança de valores de gerações, nascidas em mundos diversos. Há quem pense que a escrita contribui para a destruição da oralidade; mas a escrita, em si, não é um fator contrário, desde que estimule o interesse pelas raízes culturais.

É importante que o universo mítico indígena se torne mais popular, faça parte do imaginário brasileiro, seja pesquisado, deixe de ser um domínio ignoto e incompreensível. E, ao mesmo tempo, que os índios escrevam, em português e em suas línguas, publiquem muito, continuem contando oralmente, transmitindo e lembrando as suas tradições. Só assim poderá ser reafirmada a originalidade de formas de pensar tão próximas e tão distantes de nós.

Notas

[1] Betty Mindlin, *Tuparis e tarupás*, São Paulo, Brasiliense/Edusp/Iamá, 1994, pp. 106-7.

[2] Johan Dalgas Frisch, *Aves brasileiras*, São Paulo, Dalgas-Ecoltec Ecologia Técnica, 1981, v. 1, p. 122.

[3] Betty Mindlin et al., *Moqueca de maridos*, 3. ed., Rio de Janeiro, Record, 2014.

[4] J. Capistrano de Abreu, *Rã-txa hu-ni-ku-ĩ*. Rio de Janeiro, Livraria Briguiet, 1941.

[5] André Marcel D'Ans, *Le dit des vrais hommes*, Paris, Union Générale d'Editions, Collection 1018, 1979, pp. 146-57.

[6] Claude Lévi-Strauss: *L'origine des manières de table*, Paris, Plon, 1968; *A oleira ciumenta*, São Paulo, Brasiliense, 1986; *Le cru et le cuit*, Paris, Plon, 1964; *Du miel aux cendres*, Paris, Plon, 1966; *L'homme nu*, Paris, Plon, 1971; *La pensée sauvage*, Paris, Plon, 1962; *Mito e significado*, Lisboa, Edições 70, 1979.

[7] Idem, *L'origine des manières de table*, Paris, Plon, 1968, p. 42.

[8] Idem, ibidem, mito warrau, p. 43.

[9] Idem, ibidem, mito shipaia, 43.

[10] Idem, ibidem, mito assiniboine, p. 45.

[11] Idem, ibidem, mito munduruku, p. 65-66.

[12] Idem, ibidem, referência a mitos tacana e tumupasa, p. 67.

[13] Idem, ibidem, mito arapaho, p. 170.

[14] Idem, *A oleira ciumenta*, São Paulo, Brasiliense, 1986, p. 51 e p. 53, mito tikuna e *Popol vuh* dos Maia-quiché.

[15] Idem, ibidem, p. 71.

[16] Idem, ibidem, p. 60, mito kayapó.

[17] André Marcel D'Ans, "Le roman du tigre", em op. cit., pp. 66-97, mito kaxinauá.

[18] Françoise Grenand, "Les Pléiades ou la femme aux boucle d'oreilles", em *Et L'homme devint jaguar*, Paris, L'Harmattan, 1982, pp. 140-7, mito wayãpi.

Uma carona no sem-fim

Sozinha na beira da estrada, vulto pequenino ao lado da mochila enorme, o eterno chapéu de palha na cabeça, calça e camisa de mato amassadas, verde-escuras – eu esperava desolada que passasse um ônibus ou uma carona qualquer. Nessa época, em 1978, a rodovia Cuiabá-Porto Velho, a BR-364, não era asfaltada; e mais tarde, como seu traçado mudou, esse trecho deserto foi abandonado. Um dos quatro membros da Opan local (Operação Anchieta, uma organização leiga, porém de origem católica) tinha vindo acompanhar-me desde a aldeia próxima dos Pareci até o barzinho empoeirado onde os viajantes fazem uma pausa; mas em vez de me sentar, eu ficava a postos, os olhos no horizonte, para não perder quem passasse.

Era o meu primeiro fracasso de antropóloga e eu sentia minha carreira murchando. Meu estado de espírito era o oposto ao da vinda e as lágrimas ameaçavam irromper. Os componentes da Opan, depois de hesitar bastante, não me haviam deixado ficar entre os Pareci, o povo com quem trabalhavam. Tinham impedido um contato direto meu com os índios, o que provavelmente asseguraria a possibilidade de ficar e fazer uma pesquisa.

A situação era absurda. Eu havia combinado pessoalmente em São Paulo, e reconfirmado por telefone, com um deles, a minha ida; estava recomendada por respeitáveis indigenistas, como o padre Iasi e Antonio Brand, nome importante do Cimi (Conselho Indigenista Missionário). Carmen, minha professora na pós-graduação da PUC, e eu havíamos acertado a viagem com o bispo, Dom Tomás Balduíno, bastante nosso amigo. Por sugestão de todos, a caminho dos índios eu me hospedara na sede da Opan em Cuiabá, e de fato, durante três dias, fora muito bem acolhida, enquanto ficava à espera de ônibus. A regra era escoarem-se dias sem que qualquer veículo pudesse atravessar a lama, e era preciso ir cada manhã à rodoviária, com todos os pertences, para tentar agarrar uma passagem. Na casa da Opan, eu conhecera vários índios Pareci, tendo com eles conversas muito amigas, densas de informações.

Exatamente a pessoa da Opan que era o meu apoio ficara na cidade dois meses. Ao chegar aos Pareci, percebeu que passavam por uma fase de muitos atritos com os índios e que corriam o risco de ter que se retirar. No complicado jogo de chefias e lideranças, havia muitos índios que não queriam mais ninguém em área, e tinham se indisposto com os funcionários da Opan em Cuiabá. Os opaninos estavam inseguros, julgando que minha presença viria complicar o que já não era simples. Eram militantes de corpo e alma. Acreditavam que deviam compartilhar a vida e as condições dos humilhados e ofendidos – usavam a toda hora a palavra "encarnar", viver o mesmo que os destituídos, entrar na sua carne. Tudo o que não fosse uma permanente identidade com o outro, com "a luta" e as dores, seria supérfluo. Mesmo expor aos índios os avanços dos direitos indígenas, propor programas de educação indígena ou saúde, ou falar-lhes do debate sobre emancipação, que era nessa época a grande ameaça da ditadura, não lhes parecia ter a menor importância.

Eu não me propunha a viver com os engajados participantes da Opan e adotar suas regras; queria vir várias vezes, por um ou dois meses. Oferecia a eles fazer um estudo, um diagnóstico, apontar caminhos, compreender melhor o pensamento dos índios. Para eles, qualquer análise era inútil; se eu falasse que escreveria uma tese universitária, então... O meu entusiasmo por pensar o que era a organização indígena, o comunitário ou o coletivo, a autogestão, a combinação de pertencer a um povo e ter a cidadania brasileira, a coexistência da economia tradicional com o mercado... tanta abstração lhes parecia passatempo. Queriam uma definição ideológica radical, em que direção, jamais ficou muito claro, a não ser que deveriam estar junto com os índios para defender a terra.

Gostaram de mim, e eu deles, apesar de todas as nossas irreconciliáveis diferenças. Receberam-me na sua casa comprida de palha, de arquitetura indígena, levavam-me na garupa da bicicleta pelo cerrado e pelas veredas de areia para conhecer as aldeias, longe umas das outras, esparsas na secura das árvores anãs do cerrado, que foi então que eu conheci: mangabeiras ou cajueiros minúsculos, miniaturas retorcidas, monotonias onde se multiplicam animais e espécies despercebidas, pairando a ameaça de onças e guarás. Eu era apresentada aos índios como uma prima em visita, e os opaninos morriam de medo que eu falasse o que não estava concertado; não pude expor o meu perfil nem dizer o que gostaria de fazer.

Nessa casa-maloca escura, semelhante à dos índios, passamos dias conversando, tomando banhos de rio, examinando documentos. A única moça da equipe recostava-se na rede, imitando o tom de voz e os gestos dos índios, e era quase cômico, senão patético, ver como procurava descartar sua pele urbana para metamorfosear-se em mulher pareci. Tratava-me com carinho – creio que sofria nessa época de dores de amor não correspondido por um dos outros três. Passava horas contando as acusações de feitiçaria entre os índios, os casamentos, um caso de poliandria – havia uma mulher com dois maridos – e os assassinatos na batalha pela terra.

Escrevi para eles o relatório que deveriam apresentar na reunião da missão de Utiariti, a se realizar dentro de alguns dias; escrever era para eles um bicho de sete cabeças, e ser redatora me permitiu uma informação completa sobre a situação indígena e sobre o projeto da Opan. Eu trazia para eles e para os índios um acervo de documentos históricos sobre os Pareci, desde o primeiro bandeirante destruidor no século XVIII, Antonio Pires de Campos, que mesmo ao matar e escravizar os índios maravilhou-se com sua grandeza.

Nos dias em que estive com eles, quase nenhum visitante indígena se apresentou – talvez coincidência. Um passarinho de mau agouro, segundo diziam, piou muitas vezes, e embora nada dissessem, faziam-me sentir que minha vinda tinha algo a ver, ou esse era um sinal de que eu deveria partir. Só pude conversar com os índios nas rápidas idas às aldeias, sempre sob o olhar controlador dos meus anfitriões, mas encontrei um Pareci que se hospedara comigo em Cuiabá, com a filhinha doente, e se tornara meu amigo. A menininha falecera, estava sendo enterrada agora, dentro da casa, e ele me recebeu com emoção.

A corporação não me desejava, mesmo simpatizando comigo. Chegamos a pensar que eu deveria ir junto à reunião de Utiariti, para lá ser aprovada e ficar – mas não conseguiram vencer o preconceito. Sua própria situação era muito instável.

Ao reler minhas notas, penso se sou a mesma pessoa. Eu tinha 35 anos e estava indo para os Pareci como quem vai ao encontro do seu destino, do absoluto. Minha única experiência com índios fora em São Paulo, nas três áreas próximas a Bauru; mas já estava enfronhada na questão dos direitos, participava de todas as assembleias e reuniões, bebia os ensinamentos de Carmen. Minha segurança na época me espanta. Sabia o que propor, como me relacionar com os índios, em que trilhas agir e investigar. Eu ia aos índios sozinha, com os sapatos em molde de sertão, andando por mim mesma, sem medo e sem as ondas de nervoso que tantas vezes, nos anos subsequentes, me atormentaram nas incertezas da fronteira de Rondônia. Junto ao pessoal da Opan, enxerguei o que se passava com a cabeça fria, analisando nossos diferentes modos de pensar sem me sentir rejeitada. Mas não poder conhecer os índios e mergulhar no centro dos meus interesses era um desapontamento, um aborto. No final da viagem, sonhei com uma lua quase se pondo no horizonte, como se minha vida estivesse chegando ao fim. (Mal podia saber que o caminho fechado dos Pareci abriria a floresta e a vida espantosa entre os Suruí Paiter, privilégio de poucos...)

Frustrada, esvaziada, com os índios inalcançáveis à minha curiosidade infinita, só me restava saber como sair do isolamento do cerrado, e vir me consolar aos pés de Carmen, minha maga e orientadora de tese. Nenhum ônibus passava, a estrada, como um pântano, tinha sulcos profundos, e as horas não acabavam nunca. Quando apareceu um caminhão no horizonte, o dono do barzinho veio me ajudar a pedir socorro; o motorista ia a Cuiabá.

Fui içada à cabine, e a longa viagem começou. Distraída com minha tristeza, não me ocorreu que éramos uma mulher e um homem completamente sozinhos, nenhum carro ou casa à vista. Íamos conversando, eu ouvindo sua história e as viagens, ele nada entendendo sobre minha presença. Quis adivinhar minha idade, e vislumbrou surpreendido alguns fios de cabelo branco – eu ainda não pintava o cabelo, mas devia parecer bem jovem. Falei dos meus filhos e marido, mas de repente, comecei a entrever que ele começava a imaginar outros enredos para a nossa companhia, por mais que eu insistisse na minha virtude.

A noite foi se aproximando, e meus temores aumentando, mas a minha calma impedia dramas. Não entendo hoje como me expus a essa situação, sem medir o perigo. Procurei conversar sem parar, e quando chegamos a um lugarejo, milagre naquele ermo, agradeci e expliquei que não iria até Cuiabá. Fui ficando, e não consigo me lembrar depois de quanto tempo consegui um ônibus de volta à rotina doméstica.

O chapéu

Eu tinha 19 anos quando fui a Nova York pela primeira vez, acompanhando meu pai em uma de suas numerosas viagens de trabalho. Estava apaixonada há alguns meses, e foi difícil despedir-me do namorado. Tínhamos ido ao Rio para um casamento na Igreja do Outeiro da Glória; o mar e a cidade faziam-nos agarrar um ao outro com desejo insuportável, na tensão da partida. Eu estava vestida de branco, com um xale de véu indiano vermelho e ouro me envolvendo, e ainda vejo o céu azul e os nossos passos na calçada de Copacabana, pisando os desenhos preto e branco em espiral, beijando-nos, desesperados, desentendidos. Como nossos pais nos hospedavam em casas diferentes, e obedecíamos aos hábitos de decoro desse tempo, sofríamos por não poder dormir juntos, e acabamos brigando, uma estreia nas dores do amor, porque ele gostaria de ter poder para proibir a minha viagem. Fiquei nos Estados Unidos uns dias mais que meu pai, e voltei sozinha. O namorado ansioso tinha conseguido entrar na pista e me esperar na escada do avião. Eu desci orgulhosa do meu novo adorno, um chapéu de homem, preto, comum, que eu comprara por lá e não tirava da cabeça. Atiramo-nos um ao outro, e o chapéu e a elegância caíram por terra. Era muito raro, então, uma mocinha usar chapéu, ainda mais de homem; seria o símbolo de uma donzela guerreira iniciando sua trajetória amante?

Os chapéus passaram a ser indispensáveis quando comecei a minha pesquisa na Amazônia, com os Suruí Paiter, em 1978. Eu trabalhava na roça com os índios, andava com eles por toda a parte e não suportava o sol. Os chapéus agora eram de palha, os mais simples, iam ficando despedaçados, em fiapos, como mostram as fotografias. Que sorte virarem minha mania, pois ainda não existia o protetor solar e a pele sofria. Quando fui para muitos outros povos, deslizando por rios como o Guaporé, rio Branco, rio Negro-Ocaia, eu prendia com fitas coloridas os meus chapelões para não serem levados pelo vento, e me achava uma Scarlett O'Hara, uma personagem americana do século XIX, das que eu via em *O vento levou*, usando longos vestidos acinturados de seda. Um ex-capataz da época da escravidão dos Tupari e Makurap na Terra Indígena Rio Branco, que depois se casou com uma índia makurap, perdeu seu *status* hierárquico de comandar os índios e ficou tão pobre como eles, comentava o contraste entre minha aparência malvestida nas aldeias e as belas roupas, dizia, que eu usava na cidadezinha de Costa Marques – ele achava lindas as saias e blusas velhas que eu reservava para a fronteira. O chapéu eu conservava, tanto no mato como nos pequenos centros urbanos.

Em Bellagio, em 1994, no castelo da Villa Serbelloni, adotei os sofisticados chapéus de feltro europeus. O primeiro, bordô, usei muito em São Paulo, uma vez no Masp, vestida toda da mesma cor, quando fui ouvir uma leitura de Susan Sontag (nessa noite, as irmãs e eu ficamos enciumadas quando Bruna Lombardi veio sentar-se perto de papai, para agradá-lo, e tirou o lugar que queríamos só nosso). Nos dias frios, eu usava sempre um chapéu colorido. Um deles, verde-escuro, era equatoriano, típico de lá, de uma viagem de 1990, o ano em que os índios ocuparam o Congresso Nacional do Equador, exatamente nos dias em que fui falar sobre o amor em um simpósio. Minha irmã Diana foi comigo. No início da minha conferência, ela era o meu único público, caímos num ataque de riso. Depois compareceram mais alguns ouvintes, mas pareceu muito engraçado irmos tão longe para eu falar só para ela.

A minha maior glória com os chapéus foi a Bolívia. Fui encontrar em La Paz, em 1996, meu segundo marido, que fazia um trabalho de consultoria na Amazônia boliviana. Eu aproveitei para estudar o país, a história e, sobretudo, a tradição mítica, vasculhando livrarias e procurando os grandes antropólogos e linguistas como Xavier Albó. As ruas, as comidas e os mercados me atraíam como ímãs, e quando o soroche passou, em parte graças às gotas de destilado que lancei ao chão para os apus ao chegar aos Andes (seguindo o conselho de Rodrigo Montoya, grande amigo antropólogo peruano), eu andava sem parar, comendo na rua, deliciando-me com as trutas rosadas, o milho gigante, escolhendo garrafas de rum cubano para trazer para São Paulo. A população indígena majoritária nas ruas, com seus camelôs, bancas de fruta, lojinhas, gentilezas, faz da Bolívia um dos meus países preferidos, que sinto como meu. Adotei o borsalino negro, cuja história li, entre outros, no livro de Marie-Lissette Canavesi Rimbaud. Outra antropóloga, Silvia Rivera C., que foi casada com um Aymara, contava-me como são valiosos, comprados por altíssimas quantias para as festas de casamento. O meu, simples, era mal dimensionado para a minha cabeça, pois deveria cobrir apenas o cocuruto, mas eu estava habituada a chapéus de diâmetro maior.

Eu não tinha me dado conta de que nenhum "branco" ou "branca", nenhum não Aymara, usava o borsalino, cujo nome e origem são europeus, mas é insígnia dos excluídos. Ele me abria conversas de rua com todos, me fazia acolhida e parte da vasta tribo de dois milhões dos Aymara que eu conhecia tão pouco. Voltei a La Paz cerca de um mês depois dessa primeira viagem e quando saí às ruas, a grande surpresa: todos (os índios, os runa) me chamavam, "Venha cá, moça do chapéu, que bom que você voltou!" Brasão e emblema, estrela de David afirmativa, eu virara Aymara boliviana.

Em São Paulo, por um tempo, continuei a usar o borsalino grande demais, e várias vezes fui abordada por bolivianos, que me falaram com grande simpatia.

Todas as manhãs caminho na USP, durante uma hora, a cabeça coberta, ao longo das águas que fazem as vezes dos rios longínquos da floresta, nos quais o mistério verde se espelha às avessas, apontando para um domínio mágico das profundezas. Fui parada várias vezes: "Você vai se apresentar em uma peça de teatro, onde é?"

Na manhã de hoje, a fantasia carnavalesca que pareço evocar ao olhar alheio foi minha grande alegria. Um grupo de trabalhadores descansava à sombra, e me chamaram, elogiando meu chapéu de palha de cores trançado, pontudo, que comprei em Santarém por poucos reais. Tenho outros semelhantes, uma meia dúzia, bem maiores, alguns um verdadeiro toldo multicor. E ei-los que me proporcionam uma conversa alegre, um calor humano na cidade na qual desconhecidos nunca se falam, ainda mais quando um passeia e os outros labutam...

Eu quis contar a eles como comprei os chapéus, em minúsculos lugarejos às margens do Amazonas e do Tapajós, e agora no mercado de Santarém, preços ninharia, malbaratando o trabalho e o esforço dos ribeirinhos, obras de arte que só eu pareço portar na metrópole industrial.

Os últimos chapéus ganhei de minha tia Estherzinha, viúva há décadas do irmão mais novo de papai, tio Arnaldo. Ela e duas primas afins, viúvas de primos-irmãos de papai, são as únicas coevas de papai. Aos 90 e tantos, ela dirige, enxerga, ouve, tem ótima cabeça. A idade estreitou nossos laços, e ganho dela inúmeros presentes, saias, colares, xales, que ela já usou muito. Teceu há décadas para mim um belo xale de crochê de linha de seda bordô também, que vivo usando. No colegial, no científico, quando eu ficava encalacrada nas aulas de desenho, aos 15 anos, ela fazia meus trabalhos – marcante foi uma inesquecível bailarina, perfeita, que o professor saberia com segurança

110

que eu era incapaz de esboçar, mas fingiu acreditar na minha autoria e me deu dez. Ela me deu há pouco um chapéu africano redondo, de fibra ou palha, um modelo de explorador inglês; e um chapéu dos moradores do campo da Tailândia, quase uma paliçada redonda, um cone cortado abaulado, que vai se alargando de cima para baixo até as abas ficarem amplas, fixado na cabeça por um alto suporte circular. Esses não tenho ânimo de usar na rua – para eles preciso de um palco. Há ainda um último presente, um chapéu de folha de bananeira, tecido na Jureia, no litoral sul paulista, tão grande que nem vejo um palmo adiante de meus pés.

Ai, chapéus míticos, fixando minha cabeça ao pescoço, para que não voe como no meu mito preferido...

O amor canino ou a tarde devota

Soneto de devoção

Essa mulher que se arremessa, fria

E lúbrica aos meus braços, e nos seios

Me arrebata e me beija e balbucia

Versos, votos de amor e nomes feios.

[...]

Essa mulher é um mundo! – uma cadela

Talvez... – mas na moldura de uma cama

Nunca mulher nenhuma foi tão bela!

(Vinicius de Moraes, *Antologia poética*, Rio de Janeiro, Editora A Noite, s.d.)

Essa seria uma das primeiras aproximações com os poemas de Vinicius: dentre tantos e tão vasta obra, curioso acaso, não foi uma escolha deliberada. O poeta era já famoso, mas em pleno crescimento, pois se tratava do início dos anos 1960. Duas páginas adiante, na mesma antologia, o agora celebérrimo "Soneto da fidelidade", um dos mais citados pelos brasileiros atuais. Mas ela não estava lendo o livro, e talvez mal o conhecesse: ouvia o poema, lido ou recitado de cor pelo jovem em quem estava interessada.

Vinicius, mesmo então, na era da criação da sua música e da bossa nova, fazia parte do universo de qualquer adolescente que gostasse dos compositores brasileiros, de poesia e de ler, que ouvisse rádio e Elizete Cardoso.

Ela era a mocinha pequenina, quase magra, bonita e sedutora, moreninha de corpo bem-feito – embora não soubesse das próprias qualidades, nem mesmo uns anos depois, recém-casada, ao pôr na vitrola (palavra antiga), enquanto limpava a casa a cada semana, como um hino de trabalho doméstico, a cantiga

"Formosa, não faz assim...

Carinho não é ruim.

Mulher que nega, não sabe não,

Tem coisa de menos no seu coração."

Quase universitária, ou no primeiro ano de uma faculdade, acumulava e continha a voracidade de viver, prestes a estourar pelos sentidos aguçados. Mas era caseira, protegida, imersa em livros, no que é possível aprender antes de fazer: o infinito, para quem voar pelas letras, com a ficção do mundo ao seu alcance. Aberta para a vanguarda, o amor livre, as inovações do caráter feminino, discípula de Simone de Beauvoir e das revoluções, como tantas de sua geração. Era como se vivesse dentro de um cercado, a verdadeira vida do outro lado, lá fora, a ser tomada, ainda invisível, imprevista. Reunia-se para estudar filosofia com um grupo de estudantes – entre os quais o moço declamador – e um dos termos que entre eles mais estava em voga era "vivência", "Erlebnis", experiência – o que lhe faltava. E ela mal sabia que o desejo do tato e da matéria sensível, o anseio de pegar e partilhar, seria sempre o seu mais forte traço. Vermelha de emoções, de sensualidade ainda represada, brotando incandescida.

Eis que ele exibe o poema, mas não para ela – ou não apenas. Estavam no Reino dos Livros, entre os adultos para quem o Sexo não é mistério, e era ao Pai dela que ele dirigia a demonstração de erudição. Ele que não a tocava (como poderia ela adivinhar que era por enquanto apenas?) e que indicava, em alusões ou relatos, estar desenfreado nas aventuras do amor e do corpo. Uma personagem feminina era rival: a menina de 15 anos, colega de classe, que o seduzira numa gruta de Minas, embora tivesse um noivo. Quanto a ela, camuflava e calava a inexperiência, a ignorância, a virgindade, representando o papel de mulher solta e sem barreiras.

Excluída da vida dos grandes, do saber, do conhecimento, do fruto, contemplando um imenso fosso atraente que não havia como transpor: vinham a raiva, a revolta, a injustiça do poder masculino.

Anos, anos a fio, até mesmo quando irremediavelmente enredada nas canções do poeta, fascinada, ainda assim resistiu à poesia de Vinicius, a mais completa versão do amor erótico e carnal, da busca do absoluto e da paixão. Décadas para descobrir que Vinicius, tão diferente, era a carne e o cerne de seu tempo, e que ver um documentário sobre ele, quase meio século depois, seria como ver passar na tela sua própria autobiografia (a dela) – escrita por outros, contando a vida do outro, o poeta e o músico.

Travessuras guerreiras I:
um roubo honesto

O ano de 1984: a ditadura chegava ao fim, mas ainda estava longe de ser corrigida. No gabinete do presidente da Funai, Jurandy Fonseca, na companhia de Carmen Junqueira, venho reivindicar a demarcação das terras Nambiquara e a retirada das empresas invasoras. Estas haviam recebido do governo brasileiro um certificado de inexistência de povos indígenas na região por eles habitada há séculos: era o mandamento militar, ceder a propriedade a empreendimentos, como se os verdadeiros donos não existissem.

Carmen Junqueira e eu chegamos à Amazônia em 1978 e vimos no terreno o cerco aos povos indígenas, no nosso caso no Parque do Aripuanã, em Rondônia e Mato Grosso, terra dos Suruí, Cinta Larga e Zoró, ao lado dos Gavião Ikolen e dos Arara Karo, além de outros. Uma trinca de indigenistas aguerridos, Apoena Meirelles como chefe, com seus parceiros Aimoré Cunha da Silva e José do Carmo Santana (Zé Bel) iniciaram-nos na dura política de defesa das áreas indígenas,

115

no dia a dia de invocar e desafiar autoridades, tentar retirar invasores, empresas, colonos pobres, garimpos, madeireiras, bandidos, genocidas. (O termo "Área Indígena" foi, anos depois, substituído por "Terra Indígena", acentuando o direito originário indígena ao seu hábitat de posse imemorial.) Aliadas deles, aprendemos a adentrar os meandros da Funai, a lidar com militares a quem nos opúnhamos, a apreciar servidores locais humildes e dignos, sacrificados no isolamento da floresta, ainda muito preservada.

Em 1981, a Associação Brasileira de Antropologia e Olímpio Serra, então no Ministério da Cultura, exigiram nossa voz diante do Programa Polonoroeste, que como um dragão-míssil atingia justamente os povos a quem nos devotávamos. Informações vinham de boca a boca, pois inexistiam internet, redes sociais, fotografias de satélites e outros meios de comunicação. Era preciso ver de perto os desastres, a descrição documental ainda exígua ou censurada, com os atores sendo impedidos de abrir os olhos para atrocidades contemporâneas.

Pouco depois, em 1982, meus colegas da Faculdade de Economia da USP, onde me formei e dei aulas, convidaram-me para constituir e coordenar uma equipe de antropólogos, médicos, advogados encarregados de avaliar a situação indígena dos povos atingidos pelo Programa Polonoroeste, aqueles onde fazíamos pesquisa, mais dezenas de outros – identificamos uns oitenta, além de povos isolados, desconhecidos. A Fundação Instituto de Pesquisas Econômicas, da Universidade de São Paulo (Fipe-USP) receberia fundos para a avaliação do Programa, se a questão indígena fosse incluída. O Programa Polonoroeste, estimado em 1,5 bilhão de dólares, era cofinanciado pelo Banco Mundial e pelo governo brasileiro. O núcleo principal era a pavimentação da rodovia Cuiabá-Porto Velho, a BR-364, 1.500 km de barro e mata, que se tornou famosa nos movimentos sociais, pela degradação ambiental e riscos à sobrevivência indígena, também a de ribeirinhos, quilombos e outros habitantes. À pavimentação, acresciam-se projetos de colonização, para estimular o povoamento regional, um componente am-

116

biental, ações na área de saúde. Protestos contra os grandes projetos econômicos haviam conseguido uma vitória – a partir, no caso dos índios, de um trabalho seminal de Robert Goodland, alto funcionário do Banco, apesar disso crítico e lúcido. Em sua publicação de 1982, "Tribal Peoples and Economic Development", denunciava o genocídio desencadeado por esse suposto desenvolvimento econômico propugnado pelos governos associados a grandes empresas de construção, de exploração mineral e madeireira. Vitória parcial, mas simbólica: os grandes projetos deveriam destinar uma parcela de recursos à defesa dos povos e do ambiente. No nosso caso, seriam 26 milhões de dólares para os índios. Nosso ofício, pago pelos economistas da USP, seria o de diagnosticar os problemas e sugerir – ou melhor, exigir – soluções, medidas, compensações. Sem segui-las, o projeto não se realizaria. Havia a mesma forma, ao menos na teoria, para a questão ambiental.

Temerárias, Carmen e eu topamos a parada; a nós juntaram-se pessoas de alta qualidade: Mauro Leonel, exilado pela ditadura de 1969 a 1978, um verdadeiro guerrilheiro de direitos humanos e ambientais, a jurista Eunice Paiva, o pensador Roberto Gambini, os antropólogos Rinaldo Arruda, Sylvia Caiuby, Virgínia Valadão, Miguel Menendez e muitos outros. E no lado do Banco, ao longo do tempo, uma extraordinária antropóloga aliada, Maritta Koch-Weser, investida de altas incumbências na hierarquia da instituição. Era ela uma aberração inacreditável na estrutura de um organismo voltado para um desenvolvimento desenfreado. Lia todos os nossos competentes relatórios – foram cerca de 80 em 5 anos – e abraçava nossa indignação, procurava caminhos construtivos para a justiça social e respeito aos povos autóctones.

Começamos a avaliação em outubro de 1982, mas antes, um maravilhoso indigenista surgiu no nosso horizonte, Silbene de Almeida, chefe de posto da Funai nos Hahaintesu, um dos grupos Nambiquara. Tendo ouvido falar das duas aventureiras envoltas no tumulto da fronteira violenta, conclamava-nos a cooperar pela demarcação das terras nambiquara, cortadas justamente pela BR-364. Outra coincidência: em julho de 1982, não havia meio de obtermos dos militares uma autorização para entrar nas terras indígenas do Parque – seria arriscado infringir essa regra, com o nosso perfil. (Porém, acabamos por ir quase sempre sem o indispensável papel que nos negavam, meio escondidas.) O chefe do Parque do Aripuanã, Aimoré Cunha da Silva, que fora transferido para um cargo semelhante nos Nambiquara, convidou-nos para conhecer essa região enquanto esperávamos (sentadas) pela autorização (cuja exigência ele, corajoso, desprezava, e que não necessitaríamos se ele ainda estivesse com os Suruí e os Cinta Larga). Foi então que nos apaixonamos tanto por Silbene como pelos Nambiquara, estes, famosos graças aos *Tristes trópicos* de Claude Lévi-Strauss. Agora, esse povo incluía outros grupos que o antropólogo francês não conheceu, pois não houve contato de paz na época de sua vinda ao Brasil, de 1935 a 1939. Foi o caso dos Hahaintesu, dos Wasusu e dos grupos do Guaporé, de triste história, transferidos em 1974, à força, de suas florestas para o cerrado, muitos morrendo em consequência; apenas os sobreviventes conseguiram voltar ao território original anos mais tarde.

O "turismo" com Aimoré pelos Nambiquara e adjacências foi memorável. Para nós foram férias, pois ao esperar a autorização fomos obrigadas a interromper a pesquisa, a minha nos Suruí e a de Carmen nos Cinta Larga de Serra Morena; nos deparamos com um Brasil inesperado. A cachoeira de Dardanelos, as ruínas do projeto Humboldt, Vilhena violenta, ainda não uma cidade, mais uma vila, onde presenciamos um assassinato na rua. A estrada BR e vicinais surgiam poeirentas, lamaçal nas chuvas, acampamentos que logo se metamorfoseariam em cidades, as árvores tombavam. Levávamos cheques de viagem, que depois desapareceram, e nos espantávamos de conseguir trocá-los em qualquer posto de gasolina, em agrupamentos onde não havia agência bancária ou mercado...

Amenizávamos o calor e as tensões nas gafieiras, na companhia de Silbene, que nos oferecia segurança para dançarmos com os peões. "Devagar ou depressa?" – perguntavam os homens do campo. Invariavelmente escolhíamos "depressa", pois a alternativa se prestava a propostas amorosas; só que depressa perdíamos o fôlego nos primeiros passos, ao som da música frenética.

Uma auxiliar de enfermagem da Funai hospedou-nos em sua casa em Vilhena, compartilhada com uma médica mórmon encarregada da saúde indígena. Faltava água na cidade tórrida, no auge da estação seca; Carmen me passava pitos como se eu fosse criança pequena, cada vez que meus pés ou sapatos que esquecia de tirar marcavam de pó o chão impecável de limpo. Eu, aluna dela de doutorado, encolhia-me assustada e varria sem protestar. Fomos obrigadas a aturar a médica e seus ideais. Descrevia-nos a sério o paraíso segundo sua igreja. Eu perguntava se havia pobres e ricos, ouvia que era tudo igual ao mundo terreno. Segundo ela, negros e índios nasceram depois dos brancos, inferiores, oriundos de falta d'água no banho de primeiros seres humanos cuja cor ficou sendo escura. Nossa fúria se desencadeava sem sucesso, nossa zombaria passava ao largo, incompreendida.

Mas voltemos ao gabinete do presidente Jurandy, que permaneceu por poucos meses em seu cargo. O substituto de Aimoré Cunha da Silva na chefia do Parque do Aripuanã, Francisco de Assis da Silva (que mais tarde descobrimos ser um notório anti-indígena associado a interesses escusos), garantia-me que apenas obedecia a ordens do presidente Jurandy autorizando a venda de mogno das terras indígenas, proibida por todas as leis vigentes. Queria que eu ficasse à escuta em uma extensão telefônica, para ouvir a anuência do presidente de viva-voz; recusei-me ao que me pareceu uma forma de espionagem, mas cheguei a Brasília para a audiência um tanto desconfiada.

Um dossiê comprovando o direito indígena à terra nambiquara fora elaborado por profissionais de alta qualidade, como a antropóloga Ana Lange. De fato, segundo testemunhos históricos, os Nambiquara eram há séculos habitantes legítimos de uma vasta região de floresta e cerrado. O catatau de papel, relatórios e mapas, fora entregue à Funai e seria suficiente para proceder à demarcação. Nesse período ditatorial, não havia acesso aos arquivos e documentos da Funai, todos trancados. Para cada estudo de terra indígena que fazíamos – tivemos sucesso em muitos –, éramos obrigados a métodos pouco convencionais: a maravilhosa chefe de documentação da Funai, Conceição, nossa cúmplice e dos índios, entregava-nos em surdina tudo que podia. Conhecíamos o conteúdo do laudo nambiquara. Depois de gentil conversa introdutória, solicitamos a Jurandy que o examinássemos juntos, o que certamente o levaria – assim lhe dissemos – a tomar as medidas para demarcar. "Sinto muito" – ele ponderou – "ainda não recebi o laudo nem sabia da sua existência. Teremos que esperar até que me seja mandado."

Nisso alguém o chamou para outra sala, para atender a um urgente (e para nós bem-vindo) telefonema. Ficamos sós. Não tive dúvida: abri a gaveta do Presidente e lá estava o volumoso estudo. Peguei, fechando a gaveta com cuidado. Logo ele voltou.

– Presidente, que pena não estar na Funai o documento. Mas aqui está uma cópia, vamos examinar?

Gol... Ele não teve saída.

As empresas invasoras, a partir desse processo, foram obrigadas a sair. Uma delas pertencia a um conhecido dono de televisão brasileira, hoje falecido. Em uma entrevista que meu pai e eu demos em conjunto em 1997, sobre nossos livros, esse senhor, sem saber do meu papel na região, apenas que eu era antropóloga, comentou que fora obrigado a sair das terras que beneficiara ao desmatar, e ao alimentar os pobres índios preguiçosos, doentes, sem assistência médica... Fiquei feliz: meu pai, estarrecido, pode perceber por si como era verdade o que eu costumava lhe descrever sobre o preconceito e o genocídio empresarial no Centro-Oeste.

Certamente não foi por causa da minha malandragem, que até hoje me faz rir e enche de orgulho, que os Nambiquara tiveram suas terras demarcadas. Maritta, de posse de todas as nossas informações, deu um *ultimatum* ao governo brasileiro, ao presidente da Funai e ao ministro do Interior. Escolheu, dentre as dezenas de terras afetadas pelo Programa Polonoroeste, quatro casos paradigmáticos: a demarcação dos Nambiquara, dos Zoró, dos Urueuauau, com retirada dos invasores; e a retirada de invasores da já demarcada terra dos Ikolen e dos Arara Karo. O empréstimo do Banco Mundial seria interrompido enquanto não houvesse solução. Gesta heroica: ela conseguiu a interrupção pelo Banco por três meses, em 1985, fato único na história de financiamentos ao Brasil no que se refere à defesa de povos indígenas. Cheguei a ver a carta que escreveu e confidencialmente me mostrou. Todas as suas exigências foram satisfeitas, algo inacreditável.

Nosso ofício de avaliadores durou cinco anos, até sermos enxotados pela Sudeco (Superintendência de Desenvolvimento do Centro-Oeste), por incômodos que éramos. A Sudeco, criada em 1967 e extinta apenas em 1990, era um dos braços da ditadura, subordinada ao Ministério do Interior, facilitando a apropriação empresarial das terras brasileiras, na sua ótica consideradas inabitadas – pois, segundo sua cobiça desmesurada, como considerar seres humanos, GENTE, aquela população de índios, ribeirinhos, afrodescendentes, caboclos? A atuação da Sudeco deveria ser alvo de nosso julgamento na USP, mas por um desses caminhos kafkianos trilhados pelo financiamento público, era ela própria que repassava à universidade os recursos financeiros para a avaliação pela universidade. Não nos financiava pelos nossos belos olhos e escritos; mas para não perder os polpudos dólares do Banco Mundial.

Enquanto o diretor da Fipe dava a mim e à equipe liberdade e apoio incondicionais, jamais questionando nossa defesa das terras e interesses indígenas, o dirigente da Sudeco quase tinha uma apoplexia quando lia nossos relatórios e se reunia conosco; gostaria de nos matar, mas estava amarrado pelas condições do empréstimo.

(Diga-se de passagem, como ilustração da curta memória histórica brasileira, que a Sudeco foi recriada em 2011 por Dilma Rousseff, subordinada ao Ministério de Integração Social; felizmente, extinta em 2014 mais uma vez.)

Travessuras II:
falsa identidade

O palco é a sede da Funai em Porto Velho, então denominada "delegacia", símbolo mais que preciso dos fins a que se propôs a instituição indigenista, criada na ditadura, em 1967. É o ano de 1985. Maria Auxiliadora Leão, Mauro Leonel e eu estamos na sala do "delegado" da Funai, nosso amigo e parceiro. Queremos organizar uma expedição à Terra Indígena Mequens, ainda não demarcada, sem limites oficializados, na qual madeireiras roubam o mogno de alto valor no mercado internacional – mil dólares o metro cúbico –, atemorizam e afugentam os índios Sakurabiat, Makurap e outros, uma população que chega a cem pessoas.

Mauro fizera uma primeira viagem heroica para conhecê-los no ano anterior, acompanhado apenas de Silas, um motorista dedicado, que tinha um filho deficiente trancado em casa, por ter vergonha, não ter quem cuidasse e não saber que existia uma escola especial em Cacoal (para onde levou o menino por nosso intermédio). Afeiçoou-se muito a Mauro, seguiu-o apesar de apavorado. Em um carro com chapa do Incra, emprestado de um amigo de Cacoal, Carlos Leonardo, percorreram uma longa estrada precária e chegaram de madrugada a uma porteira com vigias armados. Mentiram que eram do Incra e queriam ver a propriedade. De má vontade, os homens pouco cordiais os puseram para dormir em uma imensa serraria, com máquinas que os despertaram estrondosas ao raiar do dia. No pátio, quantidade de mogno que Mauro avaliou em 500 mil dólares. Placas da Madeireira Lavrama, nenhuma menção à terra indígena. Ou ao povo que ali vivia há décadas em regime de barracão, semelhante à escravidão, presos em seu próprio domínio, atados por dívidas criadas pelos invasores. Silas passou mal de medo. Em conversas mais amenas com os peões, os dois conseguiram saber que os índios viviam a alguma distância das instalações da madeireira; poderiam ir a pé – mas cuidado, advertiram, era mata e havia onças, muitas pegadas. Chegaram às choupanas dos índios – um deles entreabriu hesitante uma porta e perguntou baixinho: "Funai?" – e os pôs para dentro em segurança. Assim puderam fazer um levantamento da população, das vidas e da história do povo, e Mauro apresentou um relatório fundamental para a demarcação da terra, ao qual o antropólogo e historiador Carlos Araújo Moreira Neto acrescentou um laudo com comprovação histórica da presença indígena na região. Esses estudos, com o carimbo da USP, não foram publicados, mas arquivados na universidade, na Funai e em bibliotecas, como a de Nova York e do Museu Britânico.

Um ano depois (1985), era preciso expulsar as madeireiras em viagem oficial organizada pela Funai. Dessa vez em grupo, com Polícia Federal e Militar. Maria Auxiliadora Leão vinha pela Funai de Brasília, com a incumbência de escrever um laudo antropológico com Mauro para a demarcação.

Mas como conseguir os policiais? O "delegado" da Funai, figura modesta, ligou para as duas Polícias, explicou a necessidade de proteção, mas não recebeu a menor atenção. Do mesmo telefone, uns dez minutos depois, liguei para os mesmos números. "Aqui fala fulana de tal, antropóloga do Banco Mundial..." – fingi, omitindo que era uma mera consultora universitária. Declinei acelerada, como quem recita discurso decorado, para que não compreendessem bem, mas se impressionassem, o que era a avaliação, quais os fundos financeiros envolvidos, acrescentando o nosso objetivo de apreender madeira cortada ilegalmente, sem o que o Banco não repassaria dinheiro. A menção de Banco Mundial abriu todas as portas – era a divindade regional da época. Conseguimos três policiais militares e três federais – estes últimos ótimos. Sobretudo um deles, Walmir Flor, que se apaixonou pela causa indígena e estudou Direito depois de nos conhecer. Foram conosco, armados, em três carros. Tínhamos ainda a companhia de um padre mexicano Tarahumaras, de um casal de cineastas e de dois Suruí, Itabira e Ürali, os únicos de nosso lado que portavam armas, espingardas de pouco calibre. Mesmo com todo esse aparato, fomos seguidos por caminhões com capangas. Em sentido contrário, provenientes da floresta mutilada, saíam muitos outros carregados de mogno.

Ficamos na área um mês, entrando em contato com as madeireiras, índios, trabalhadores. Vimos as toras de madeira com plaquinhas de metal, inscrito o nome das nove madeireiras invasoras. Com Walmir aprendi como cocaína era escondida em fendas dos troncos abatidos.

Quando chegamos, os capangas na hora fugiram da imensa casa sede pela janela, refugiando-se na floresta. Não tiveram tempo de levar roupas e pertences. Nos muitos quartos, abandonaram para nós as camas de madeira, onde dormimos – Auxiliadora, Mauro e eu no mesmo quarto, ele e eu numa só cama, prontos para saltar ao primeiro tiro. Mesmo com policiais, temíamos um ataque. Comida não era problema: enormes *freezers* continham carnes, peixes e provisões. Havia luz elétrica. Ficara um gerente da madeireira, a quem Auxiliadora declamou a Constituição Federal e os direitos dos índios, exigindo a retirada. Como resposta, uma ameaça para quando saíssemos sozinhos, nós civis, para a cidade, onde tudo era possível.

Auxiliadora e eu voltamos uma semana antes dos outros, sozinhas com o motorista, sem armas. Ela vestida de roupa militar verde-oliva. A cada caminhão que encontrávamos, a mesma conversa. Ela obrigava os motoristas a parar, tirava do bolso a Constituição, perguntava onde estava a guia dos impostos sobre a transação de mogno e os deixava boquiabertos – quando haveriam de ver uma mulher em meio àquele pó inóspito, deserto, onde jamais haviam sido interpelados? Éramos guerreiras poderosas, sem qualquer noção de perigo.

A terra foi demarcada, as madeireiras expulsas depois de outros esforços da Funai, mas a venda de madeira não foi estancada até hoje, nesta nem em outras regiões.

Traquinagens: três Emílias

Nossa ousadia de peito aberto parecia alcançar resultados e continuamos na loucura de enfrentar gigantes. Éramos agora, na mesma época ou pouco depois, três mulheres: Carmen Junqueira, Maria Inês Hargreaves e eu, levando conosco um chefe de posto da Funai, desarmado, dirigindo um velho veículo. Queríamos documentar a existência de uma estrada construída por invasores na Terra Indígena Zoró, ainda não demarcada. Seria preciso construir barreiras de vigilância impedindo a passagem ilegal. Roberto Gambini, em viagens anteriores, foi quem descobriu a estrada e teve notícia de ossadas humanas no lugar – seriam índios ou trabalhadores em regime de barracão. Escreveu relatórios contundentes.

Dessa vez não conseguimos policiais, e achamos que sozinhas poderíamos ir. Em Cacoal, num domingo, conseguimos que um supermercado abrisse só para nós; fizemos compras para dias de viagem e permanência na Terra Zoró. Descuido nosso: ignorávamos que o estabelecimento pertencia a um dos maiores, poderoso invasor! Assim o segredo que pretendíamos manter sobre nossa expedição de salvamento desapareceu, e desde o primeiro dia do trajeto fomos perseguidas pelos inimigos e seus capangas.

Num vilarejo, aproximaram-se de nós. Queriam saber para onde íamos e quem era uma tal de Carmen Junqueira, aquela que tinha produzido um laudo favorável aos índios sobre a terra Cinta Larga do Aripuanã. Avaliando as nossas armas ausentes e as deles, logo respondi, antes que as outras duas abrissem a boca, que não a conhecíamos. Perguntaram nossos nomes, inventei uns falsos muito bonitos.

Seguimos em frente. Outro erro: era maio, deveria ser já estação seca, mas tinha chovido muito. O lamaçal era um pântano. Encalhávamos a cada dois ou três quilômetros... Como éramos apenas quatro, três sem forças, quem nos socorreria? Justamente os capangas atrás de nós, céticos sobre nossas identidades... Numa de suas gentilezas, afirmaram que se não fôssemos três frágeis mulheres, dariam logo um jeito de sumir conosco, mas parecíamos inofensivas naquelas condições. O que não impedia Inês Hargreaves, corajosa e inconsciente, de recitar os artigos da Constituição, 231 e outros, ainda com mais veemência que Auxiliadora.

De fato, deixaram de nos perseguir. Adiante, encalhamos de tal forma que era impossível ir em frente ou voltar. Só me lembro de que não havia riachos, nossas roupas estavam cobertas de lama, assim como mãos e pés no esforço de mover o jipe. Maria Inês tirou da bolsa um presente da mãe, enorme barra de chocolate holandês, com a qual nos consolamos do fracasso, lambendo com gosto o que tinha cor marrom, não importa se misturado à cobertura da nossa pele...

Jamais conseguimos chegar à Terra Zoró, perdidos os empurrões dos capangas perseguidores no nosso capenga Toyotinha...

Relances dos Nambiquara
e de Silbene de Almeida

Fragmentos de campo

1/11/1982, segunda viagem aos Nambiquara

Queria ser pintor, um Breughel de primitivos, para fixar essa cena de pôr do sol na aldeia. Pequenos grupos no pátio: um casal com o filho mamando, olhos espantados para o veado que outros esquartejam bem no centro do pátio, pendurado num pau. Era uma corça já escorrendo leite, prestes a parir (e com coragem sádica, espero para ver cortar a barriga). Outro casal senta junto, carinhoso. No banco encostado à parede de palha, quatro ou cinco pessoas, mulher com nenê. Atrás de um casal Shiva-Parvati, com fruto no ventre, uma mulher lindíssima, lembrando Gauguin, Noa Noa. *Outros jogam futebol. De uma das duas casas de flautas sagradas, proibidas às mulheres, sai uma melodia enfeitiçada, já há mais de hora. Cada maloca-casebre tem um galinheiro particular, encarapitados na palha de açaí, galo e galinha coloridos. Noutro telhado, uma arara multicolor. Mais atrás ainda, a maloca tradicional em construção. Em volta, a mata. Barulhos, conversas, cachorros.*

Que faço eu por aqui? Vou anotando passos para o relatório de avaliação, pensando na melhor maneira de mostrar o concreto e as necessidades locais diante dos grandes gastos e orçamentos, vou anotando os problemas de terra, já vivendo um pouco a monotonia de aldeia, aquela comilança crônica, fico imaginando o próximo mês nos Suruí. Longe das crianças outra vez? Como ficarão os assuntos do amor? Passam-me em detalhe pela cabeça. Quanto tempo dessa vida instável?

Começam a cortar a corça.

Converso com Lia, enfermeira dedicadíssima, aqui há seis anos, falando a língua, corajosa.

O prazer de estar comigo, com meus recursos interiores e fonte de inspiração.

Meses antes – 1/7/1982, Fontanilha

Escrevendo à beira do Juruena, quase vou sentindo o rio dentro de mim, sem distância, ele e eu correndo pelo coração do Brasil. Estamos em frente à área dos Rikbatsa (Canoeiros) no fim do mundo.

3/7/1982, Aripuanã

O dia idílico no hotel de Fontanilha passou-se em banhos de rio, de um lado permitindo lances de natação, noutro ponto brincadeiras nas poças de água e nas pedras, que encantariam meus filhos. Água transparente, areia fina, largura imensa e árvores nas margens. Fomos interrompidos pela chegada do proprietário do hotel – um piloto de uns 50 anos, tipo cafajeste aventureiro do mato, acompanhado de uma mocinha que conhecemos no aeroporto de Cuiabá, mais alguns homens. Aimoré Cunha da Silva, nosso guia, amigo e aliado, anfitrião que nos chamou para cá, agora que passou de diretor da Administração da Funai em Cacoal para a de Vilhena, apresentou-nos a ele, orgulhoso de ter boas relações com as figuras locais. Meu lado desregrado, ao analisar o personagem, fica imaginando o que serão essas farras de meio do mato, de homem maduro com jovem bonita, sol e água tão atraente quanto a do mar. Prudente, felizmente, recuso uma volta de avião para ver de cima a colonização de Juína, onde paramos na ida. Carmen aceita e é objeto de uma corte pouco sutil do nosso dono de hotel. Volta enfezada, depois de uma demora que nos assusta, e conta que foi quase impossível convencer o pretendente-piloto, bastante embriagado, a trazê-la de volta sem qualquer compensação sensual. Eu ficara pelas redondezas, ouvindo histórias de assassinatos, tanto supostamente por Cinta Larga quanto por coronéis no aeroporto de Cuiabá. A jovem, que se chama Stella Maris (o nome de uma personagem de minhas invenções com meu compadre Adão!), viu um fazendeiro cair assassinado a seus pés no aeroporto.

À noite, alguns Rikbatsa vêm visitar, chegam um sanfoneiro e um guitarrista, começamos um baile. Dançamos os três, Carmen e eu com todos os índios e todos os homens. Carmen imediatamente recebe um convite de casamento. Vicente, o dono do hotel, briga com seu novo sócio, um caolho horroroso que nos convida para as refeições perguntando "se queremos alimentar o cadáver". Parece saído do filme Viridiana, *de Buñuel. O caolho vendeu pinga e cerveja aos Rikbatsa, o que é proibido. Aimoré vai tentar acalmar os ânimos. Vicente continua bebendo pinga e insistindo com Carmen; chega a propor um banho de rio à luz da lua cheia. Está fascinado pela braveza dela e diz que não aguenta mais a própria mulher (Stella Maris), cheia de não me toques. É engraçadíssimo ver o imaginário pegando um homem desses, pois somos duas forasteiras cuja chegada já estava anunciada desde Cuiabá. Rimos, mas há o perigo da pinga. Vamos dormir. Felizmente o único resultado é ele nos oferecer sem cobrar os dois dias de hotel; caçoamos de Carmen o dia inteiro, pela economia que nos proporcionou.*

O dia ontem passou-se em viagem. São 290 km de Fontanilha (que fica a 40 km da estrada BR-172, Vilhena/Aripuanã) a Aripuanã. Uma ponte quebrou a 60 km daqui e lá ficamos do meio dia às cinco esperando a prefeitura consertar. Chegamos à noite e ainda demos uma volta ao luar. A "cidade" tem uns 4 a 5 mil habitantes, com casas boas, de madeira, lembrando as do Paraná ou Nova Inglaterra, pedaços do Brasil que migram para o Norte, em contraste com a floresta. Entramos em Humboldt, a cidade científica fracassada, que à noite lembra casas altas de madeira asiáticas, coladas umas às outras. Já não funciona, há apenas um guarda assustado conosco e com os fantasmas.

Vamos agora ver a cachoeira e passear por aqui. Amanhã voltar para Vilhena e então a incógnita: ou os Suruí ou os Nambiquara? A autorização da Funai, a ser dada pelo governo militar, para entrarmos no Parque do Aripuanã (eu nos Suruí e Carmen nos Cinta Larga) ainda não chegou e estamos fazendo hora.

Já há quase uma semana fora, recupero a distância da vida afetiva de São Paulo, volta o espírito de aventura. Estamos as duas calmíssimas, pelo menos até haver alguma resposta. Em Cuiabá conversamos muito, sentadas numa pracinha colonial que adoro, parecida com as de Paraty. De novo me aparece claro como seria preciso inovar o cotidiano em São Paulo, morar com companheiros de alma.

Aripuanã vai nos encantando. Vimos a catarata de Dardanelos, um espetáculo impressionante. Fiquei com medo de atravessar a ponte estreita de madeira, sem corrimão, e ter tontura. Os do lugar também têm medo.

Em Humboldt, um deserto, ouvimos as histórias de Gerôncio, que chegou em 1966, encontrando as mangueiras de um antigo seringal, o de Alexandre Lopes, um peruano. Outras do prefeito, que se gaba de haver assassinado muitos e "ter povoado o céu". E de um bêbado cantador, maltratado pela polícia e amigo do prefeito.

5/7/1982

De volta a Vilhena, esperando a autorização. A Copa do Mundo para o país.

A viagem foi encantadora. Antes de partir, tomamos banho em pontos mais mansos de Dardanelos, visitamos uma prainha no rio, que mais parecia o mar ou cratera de vulcão, com a catarata caindo ao longe, a fumaça de água saindo da floresta. À noite, papeamos com Gerôncio, que trabalhou no seringal dos Junqueira na época do massacre dos Cinta Larga. Confirmou todos os fatos do jornal e desfiou mil histórias. Amorim, o matador, foi assassinado pelos peões. Matara um deles, que "se masturbara em intenção de sua mulher...". Ficamos na casa de madeira, bebendo água dos cocos do quintal com ótimo uísque. Ele conta de um assassinato na cidade. Todos sabem quem é o matador, ou pelo menos quem ajudou a jogar fora o cadáver. É um bom homem, foi envolvido pelas mulheres da zona.

Gerôncio vai nos desenrolando a sua história, da Bahia a Mato Grosso. Fala muitíssimo bem e ajuda a todos. Na mesma manhã já tinha sido chamado para enterrar um garimpeiro que morrera de malária.

Visitamos Lira, o juiz de paz, cuja mulher é índia amazonense. No vão da casa de taipa nos fartamos de caju. A lua cheia já estava surgindo e demos uma volta pela cidade ao pôr do sol. As casas têm cores surpreendentes, tudo envolto em terra vermelha e sol.

Ontem fizemos a estrada toda – mais de 500 km péssimos. Chegando, conversamos com Eduardo, jovem chefe do P.I. Nambiquara, que está aqui há três anos. Conta coisas interessantíssimas, com bom olho observador. Fico fascinada de saber das cavernas sagradas com inscrições, ligadas à mitologia viva. Se a estrada cortar a terra, o mundo vai se acabar... Ele está assustado com o inseticida que a Secretaria de Agricultura pretende usar para acabar com as nuvens de gafanhotos: se for usado um residual, não biodegradável, os Nambiquara, que usam gafanhotos como uma das principais fontes de alimentos, podem morrer envenenados.

Conta-nos dos Salumã (Enauenê-Nauê), que não comem caça e usam técnicas impressionantes de pesca.

Há outro chefe de posto dos Nambiquara, Silbene, que dizem ser interessantíssimo. Está há oito ou nove anos aqui, fala a língua, conhece todos os segredos. Mergulhos que põem a gente a pensar. Ninguém escreve nada, seria preciso conversar com ele. Minhas próprias descobertas me parecem tão elementares.

11/6/1982

Nesta semana toda em Vilhena, dois dias em aldeias Nambiquara: um lindo passeio à Aroeira e outro à aldeia de Campos Novos, onde fomos ver a festa da Moça Nova.

Desses relances, vão surgindo imagens e uma primeira impressão dos Nambiquara completamente diferente das que eu tinha pelos livros de Lévi-Strauss. Um povo da areia, deitado no chão, sem medo da terra; encostados assim no pó, seriam bárbaros para os Suruí, que dormem em redes e se banham à menor manchinha de lama. Na Aroeira, as moças com os brincos de madrepérola, tiras coloridas de algodão na cabeça, eram princesas orientais, recostadas como Cleópatras, algumas com lindos rostos malaios; princesas maltrapilhas e desdentadas (os dentes aqui são péssimos, desde a mais tenra idade, ao contrário dos Suruí), pretas de terra. Muito mais que nos Suruí, onde nas ocasiões de festa ou à noite, na maloca, há uma perfeição de formas, aqui a miséria e os trastes se misturam aos enfeites fantásticos.

Viver na terra, sem redes, diz Aimoré, é consequência do vento do cerrado, no frio. O ambiente é agressivo, mas cheio de alimentos secretos, frutos e tubérculos do cerrado, gafanhotos, larvas.

Eduardo, encantador, quer nos convencer a ir para sua área. Vai apontando segredos: o povo amarelo das Cavernas, seres que nas grutas esperam a alma do morto, este tendo deixado o corpo nesse mundo, a Rainha que só agora chama Silbene para que ele possa entrar nas cavernas, o menino das flautas. A uma certa distância é preciso deixar as armas e caminhar a pé. Silbene está aqui, vamos conhecê-lo hoje.

Segunda partida de São Paulo – outubro de 1982

Inês e Manu beijaram-me muitíssimo, vieram com meu compadre Adão e a namorada ao aeroporto, ainda fui ver meus pais – meu pai acabava de chegar dos EUA. Uma harmonia completa.

Cuiabá – 24/10/1982

A praça parece uma festa de Carnaval. Passeio em torno da fonte luminosa, cheia de cores, vendo as caras morenas meio índias e ouvindo os candidatos do PDT que, aliás, falam bem. Adoro vésperas de eleição. Sinto a alegria de ir jantar sozinha (uma ótima comida árabe) e flanar pela cidade estranha e já familiar; sou uma cortesã em férias. Carmen deixou-me esta noite, deve estar bem, envolta em alegria.

Guardo os folhetos de propaganda dos candidatos para Manu, que adora documentação. Agora, sozinha no quarto de hotel, vou ler e tentar não pensar demais nos afetos ao longe. Amanhã de madrugada Carmen e eu partimos para Vilhena.

28/10/1982

"Serviço dela é bom, é só escrever", diz Diva, a jovem mulher do chefe de posto da área indígena Sararé, enquanto cozinha.

Passei com Carmen pelos Mamaindê, dormindo lá uma noite. Ficamos na casa do chefe de posto, Marcelo dos Santos, conversando com ele e com sua mulher Gigi sobre problemas gerais. Parecem um casal apaixonado, morando com os filhos na casa alta de madeira, com certo conforto. Quase nada vi dos índios, mas atraem: cento e poucos Mamaindê morando a uns 50 km do posto, portanto bastante longe. Falam bastante o português, muita pajelança e feitiçaria. No dia seguinte, longa viagem para o Sararé, atolando, sofrendo ataques homéricos de mosquitos, abrindo cancelas. Curiosidade sobre os Nambiquara, reflexão sobre como fazer a avaliação do Projeto Polonoroeste, nosso trabalho, alegria de estar solta no sertão e no mundo, à beira do mergulho e com novos índios, imaginando as colheitas de mitos e outros métodos de trabalho entre os Suruí, outras formas de enfrentar a agitação dos meus velhos amigos guerreiros. Tudo se mistura à minha memória amorosa, às cenas que voltam, à força dos sentidos, aos personagens que me povoam. Pensei com ternura imensa nas crianças, nos amigos.

Já hoje, depois de ter colhido todas as informações possíveis para essa fase e esse posto (o resto exigindo mergulho muito maior), de ter me aventurado pela roça com as mulheres, pela linda maloca que me lembra tanto a Suruí, cercada por floresta como a de lá, as reflexões mudam um tanto. Passar pelos índios, apenas, é complicado. Os daqui são tão interessantes, tão familiares e tão outros: e nada entendo do que dizem, quase não falam o português, muitíssimo menos que os Suruí. Fico com saudades dos Suruí, e com a questão: onde me engajarei para valer? Esse trabalho de agora é muito importante, uma oportunidade de reivindicar os direitos dos índios; mas saber o mundo primitivo, e por que, o que fazer com o resto da minha vida, o desejo de companheiro, já é mais difícil. Penso que Carmen, sem nem se pôr a questão, sem essa procura ansiosa, talvez possa agora juntar as duas vidas e até ficar entre os Nambiquara. Ou será minha projeção? Imagino-a segura, descobrindo tudo. Estarei fazendo o melhor que posso? Estou tranquila, mas ao pensar na próxima estadia Suruí, em dezembro, um "frisson" de conflito: começa aquele minuto que volta e meia pega a gente no mato, de estar afastada, marginalizada de tudo, quem serei eu, onde sou eu mesma? Nos Suruí viro parte deles e esqueço a dúvida; aqui fico mais e menos tranquila, pois não pulei tanto no mundo indígena. Ao pôr do sol, hesito em ir à maloca, não gosto de forçar o contato com os índios, em tão pouco tempo. Amanhã irei. Ontem, a lua iluminava tudo; hoje, o aconchego das chuvas. Trouxe o mapa celeste que ganhei, mas a lua ofusca as estrelas que desejo aprender. Ai, feitiço dessas vidas de ficção.

Eis-me, aqui no Sararé, transportada a outras paragens. Estava já na rede, quando do quarto ao lado começaram a cantar uma música parecida com a enfeitiçada dos Hahaintesu de julho. Fui gravar, sabendo que lhes agrada tanto a documentação, e depois de mais ou menos uma hora começou das malocas o som de flautas proibidas às mulheres. Tito, o mais velho, marginalizado por ter sido abandonado pelas mulheres (simpatizei com ele, morando sozinho numa maloca e sozinho fazendo a própria roça e o trabalho feminino!), convidou-me e guiou-me até o pátio da pequena aldeia. Sentei-me ao lado de três flautistas nus. Tito juntou-se a eles e gravei à luz da lua. Senti-me participando dos mistérios masculinos, com acesso a espíritos sempre vedados a nós mulheres. Estava numa enluarada paragem proibida, onde as flautas me transportaram à magia, mas me fizeram pensar numa maneira de escrever esse relatório-defesa-avaliação que transmita a luta por esse outro universo. Pensei também que tenho com os índios a relação que os homens têm comigo: o tempo e as datas limitados, a diferença entre nós mantida através do encantamento, um fio de dever não bem definido ou mantido com permanência, a consciência de que a mistura definitiva é impossível.

29/10/1982

Venho de festa na roça dos Wasusu, que receberam os índios do Sararé, nossos acompanhantes nessa viagem. As malocas pequenas e bem-feitas, os pátios limpos me lembram tanto os Suruí, que doem as saudades. Tudo cercado de densa floresta. Ao lado da maloca de Jessua, uma pequena casa das flautas, proibida às mulheres. Perto, a maloca de Etreka, grande líder, que estava fora, caçando. Andamos 4 ou 5 km pela mata, até outra maloca, passando por um riacho limpíssimo, onde tomei banho completo, apesar de pôr a mesma roupa. Ganhamos carne de porco, mandiocas, bananas: festim indígena que me fazia falta.

A cena da roça foi lindíssima: um grupo grande, os Wasusu, em protestos de amizade pelos do Sararé, de quem antes eram inimigos. À luz da lua, começaram cantos em que os dois grupos se misturaram. Em roda, os homens faziam um passo, as mulheres outro. Quando mudam a direção da roda, indo para a esquerda, atrapalham-se todos. Parece que as cantigas falam de malocas novas, de mulheres amamentando, de ir buscar mel. Gravei, dancei e ficaria a noite toda na roça mágica, onde cenas da vida paulista fazem cenário de fundo. Penso em Inês e Manu, entrevejo estrelas, lembro de um sonho estranho com meu pai. Os índios são tão familiares, tão desconhecidos, tão carinhosos. Já me apaixono e desejo voltar. Mato e música. Vida tribal impregnando a imaginação desde as primeiras horas.

12/11/1982

Que pena não ter continuado o diário.

"Essa riqueza que é pensar", dizíamos, Silbene, meu queridíssimo amigo do mato, encontro de afinidades, chefe de posto, e eu, na volta para Vilhena, enquanto ele me contava sua história, naquele ritmo catarata que tem de falar.

Nosso roubo interrompeu a conversa: havia tombado um caminhão cheio de latas de óleo Zillo, ex-invasor da área nambiquara, e rapidamente armazenamos bom estoque em nossa Toyota, antes que o socorro se avizinhasse.

Zillo é uma das grandes empresas invasoras das terras nambiquara, a Vale do Guaporé. Estamos só pegando um ínfimo do que pertence ao povo indígena – pequena vingança malandra a nos alegrar!

Semana de paz e sonho nos Hahaintesu. Silbene e eu vamos sonhando com uma universidade na selva: nos Wasusu, que tanto me apaixonaram. O plano, absurdo no começo, vai tomando corpo, e Carmen junta-se ao nosso entusiasmo. Decidimos convidar o grande educador Paulo Freire para inventar conosco.

Em Vilhena, ela vindo do cerrado nambiquara e eu da floresta, do Vale do Guaporé, nossa trinca tece o futuro. Carmen conta os dias intensos, por vezes sofridos, nos campos indígenas arenosos. Rainha, tão mágica e brilhante ela me parece, feita de substância divina, que só a imagino vencedora nos sentimentos e na guerra, há de atravessar crises apenas com arranhões.

Silbene, poeta de Mutum

Carmen e eu conhecemos Silbene de Almeida em julho de 1982, em Vilhena – afinidade imediata. Em breve seríamos amigos de entranhas, Carmen, ele e eu, triangulando, nos dando as mãos. Aimoré, chefe de Silbene na administração regional da Funai, amigo e parceiro valoroso, nos levava ou mandava a toda parte, aos arredores dos índios e às aldeias dos diferentes grupos nambiquara. Chefes de posto, enfermeiras, funcionários recebiam-nos com alegria: Marcelo dos Santos, Caia, Ary, Lia, Gigi, José Eduardo, Cristina...

Silbene puxou-nos para o Manairisu, sua morada e a dos Hahaintesu nômades, os cantores, nus, gargalhadas, corpos esculturais, andarilhos com poucas posses e fartos tesouros míticos. Silbene falava a língua como se fosse a sua. Descoberta estrelada – de quem ele era, sua voz de Caetano Veloso, seu riso de fonte,

"se o amor ainda medrasse,
aqui ficava contigo
pois gosto da tua face,

desse teu riso de fonte
e do teu olhar antigo
de estrela sem horizonte"

– assim minha boca jorrava para ele os versos de Cecília Meireles, que ele devolvia com os próprios poemas, cadernos longos, muito bem escritos. Silbene era de Mutum como Miguilim, poeta dos Gerais, pendor musical desde criança. Pouco escrevia sobre os índios e a tradição. Preferia aprender e compartilhar com eles um jeito de ser.

Dormimos no Manairisu alguns dias, maravilhadas. A casa de madeira, construída por Silbene, rodeava um pátio interno, com um moquém onde ele assava macaxeiras, e um forno de onde nasciam seus pães apetitosos. Os Hahaintesu, homens e mulheres inteiramente nus, entravam e saíam à vontade, sentavam-se nos sofás e poltronas de vime com almofadas indianas, compunham um cenário inusitado com seus corpos marrons pousando nos panos coloridos, Gauguins da floresta. Aprendiam a usar o banheiro; riram quando o gerador recém-instalado trouxe luz elétrica e um liquidificador, estreado para sucos de cenoura. A malária, porém, *falciparum* e *vivax*, derrubava em poucos dias e foi preciso apagar as luzes que atraíam os anofelinos, deixá-las para raros dias de festejo. Silbene não queria mistérios da tecnologia para eles – tinham que saber de tudo. Por isso começamos a inventar uma universidade da selva, na qual poderiam ser letrados em sua língua e na nossa, se quisessem.

Pendor de artista, músico, poeta, desde pequeno. Viria do sertão, de Mutum, seu dom de fazedor? – ficávamos boquiabertas como mexia com qualquer assunto prático: construía, andava no campo e no mato, consertava carros e máquinas, navegava e pilotava as voadeiras dos rios, as pedras e águas de cada curva como pegadas, sabia atirar, cozinhava, lavava e passava... A anatomia dos animais, pela caça estripada pelos índios para a partilha, não tinha mistérios. Sem prejuízo de inventar e sonhar. De contornar e enfrentar autoridades, burocracia da Funai, relação com colegas e equipe, aliados ou inimigos da cidade, invasores de terras, gigantes do poder econômico.

Quando chegou à região, em 1975, os Nambiquara tinham perdido sítios sagrados, de antiguidade arqueológica como se viu depois, para os pastos de grandes empresas, algumas pretendendo 400 mil hectares. Estas jogavam Tordon, espécie de napalm, para eliminar a vegetação; defeitos genéticos resultaram, como lábios leporinos frequentes nos habitantes. Nos relatórios e de viva-voz, ele nos enumerava os culpados, que arrolamos ao conseguir dados do Ministério do Planejamento com lista de latifundiários. As empresas tinham recebido da ditadura uma certidão negativa da presença de povos indígenas nessas terras, tinham um aval do governo para acapará-las e eliminar os donos autênticos.

Nos pequenos trechos de diário de 1976, Silbene nos passa de modo muito sumário o seu começo na região:

"A aldeia dos Yodunçu (grupo Hahai) era em meio a pasto, mata longe, retiro de gado ao lado, impossível fazer roça. Tudo capim. As vacas, enquanto dormíamos, comiam até a palha das casas. Saíamos prá caça e a paisagem era colonião e vaca. No céu, duas vezes por ano, os aviões com Tordon-101 105 choviam sobre todos. Os Qualisateçu (outro grupo Hahai) moravam num braço do rio 32, tinham como pátio da aldeia a pista de pouso da Fazenda Zillo (Agropecuária Vale do Guaporé) e defronte a serraria, pensão, ambulatório, casa sede e casa de peões. Ao redor, tudo pasto. Pássaros mais próximos, os aviões e anus. E o ronco do avião, o cortante da serraria, o gargarejo dos motores diesel. Na temporada das derrubadas, grandes derrubadas (600 alqueires etc.), vinham mais de 300 peões. Eram acampamentos por todos os córregos, o tombar das árvores e as quinquilharias civilizadas."

No início da página de 1976, escreve: "Os Hahaintesu eram 48 indivíduos. Em abril de 1975, voltaram a pé do Sararé pela BR-364. Campo, areia, falta d'água. Uma briga com a tribo do Sararé, morte de dois adultos e duas crianças na Serra de São Vicente, após uma experiência frustrada de transferência para a área interditada entre o Sararé e o Galera. Foram transportados de avião pelo missionário Gustavo e pelo antropólogo David Price em dezembro de 1974. Sua região original, entre os rios Piolhinho e Piolho, já estava praticamente tomada pela Agropecuária Vale do Guaporé, Fazenda São João, Cofap, Rio Vermelho."

"Fui o primeiro chefe de posto na área. Olhava todos os índios do Vale, e ficava pulando três ou cinco dias de aldeia em aldeia, Alantesu, Waiksu, Wasusu e Sararé."

Silbene fincou pé. Fez sua casa em pleno descampado, outrora verde, pontilhado de aldeias indígenas. Expulsou os de fora, assinalou com os índios os limites a defender. Carregou nas costas, com colaboradores como a enfermeira Lia, as pessoas doentes, buscando socorro. Denunciou para a imprensa o uso de explosivos e venenos lançados pelas empresas.

A biblioteca de Silbene, em grande parte doada por sua amiga Leia Beigler, tinha de tudo – lá, pela primeira vez li Alejo Carpentier, *Os passos perdidos* (que reli para meu pai em voz alta em 2007), enredo com o qual me identifiquei: o fascínio da selva, como o destino escolhido para o resto da vida, ameaçado de repente; na distância dos seres amados, do mundo corriqueiro, familiar, irrompe o súbito desejo de voltar ao palco do qual, insatisfeito, o personagem havia ansiado por se desgarrar, para perseguir a mata e a aventura. Eu também sentia forte – e rechaçava – a saudade dos hábitos urbanos, das nossas raízes, amores, do sossego de leituras à meia-noite comendo barras de chocolate, dos cinemas, agitação, repertórios... como se aí estivesse a liberdade.

Silbene, voltado para jornalismo e teatro, ator, morava em São Paulo nos anos 1970, quando leu um anúncio de emprego na Funai, para um projeto do antropólogo americano David Price nos Nambiquara e atirou-se a um Brasil espantoso. Tinha 20 e poucos anos. Ficou 13 com eles, deixou-os por profunda tristeza, quando seu grande amigo Etreka, líder proeminente, foi morto por outro grande amigo de grupo diferente, por questões de mulher, numa das guerras de Troia indígenas. Em Vilhena, pouco depois do assassinato, gravei sua versão dos acontecimentos, que transcrevi, mas pouco dá para entender, pois sua fala era uma cachoeira, somada à fumaça no nosso diálogo, na nossa harmonia. Não conheci Etreka... Em 2001, Silbene voltou aos Nambiquara, depois de anos de exílio, todo feliz, escreveu-nos que voltaria para ficar, daí a dois anos, que renascera, que conseguira conversar com o matador, "Esqueci", diz, tentando a paz de alma, retomando as risadas da população que crescera, que o cercava, que o seguia.

Paulo Freire, o grande educador, vai aos Nambiquara no final da ditadura

Carmen e eu levamos Paulo Freire para o Manairisu, em 1983, primeiro passo para a nossa Universidade da Selva. Foi a estreia, penso que a única experiência do guru da educação em uma aldeia indígena (embora tenha ido a algumas reuniões do Cimi na cidade, mais adiante, creio). Descemos em Vilhena, nem deu tempo de chegar à salinha do precário aeroporto: olhamos para o céu, observando desapontadas o aviãozinho partindo, levando consigo nossas malinhas e apetrechos... Um dia perdido comprando calcinhas e um mínimo de roupas, enquanto Paulo recebia emprestadas as de Silbene, pijamas que ficavam dançando no seu corpo magro, embora Silbene também fosse um pássaro esguio, pois tinha um jeito de dobrar uma perna na outra ao ficar em pé, formando um quatro, encostado a algum esteio, lembrava-me um flamingo. Na estrada de terra, na caminhonete do Manairisu, Paulo maravilhou-se: "nunca ouvi tantos grilos!". Eu comprara um imenso relógio de pulso usado, masculino, num mercadinho, porque tinha despertador, e era esse o trinado selvagem que eu com orgulho usava no braço...

Os Hahãi cercaram-nos nuzinhos na chegada, a algazarra feliz da novidade, e Paulo se assustou. No outro dia, quando o levamos para conhecer a roça, confessou que para ele era muito difícil andar no desconhecido. E era um mato ralo o que percorremos! Onde a memória de Guiné-Bissau, a África negra que dividira com a equipe? Mas era tal honra tê-lo conosco, que o mimamos com gosto. Nem dava para dividirmos tarefas domésticas, como sempre fazemos em cada lugar: cada vez alguém responsável pelo almoço, pela limpeza, pelo fogo, pelo café... Paulo não sabia cozinhar, nordestino cercado de companhias femininas, filhas encantadoras. Levávamos até copo com água para que não se movimentasse, lavávamos sua roupa, encorajávamos seu banho no açude, não lembro se já havia um chuveiro.

Havíamos entrado nos Nambiquara a convite de Silbene, sem autorização da Funai, como na viagem minha e de Carmen no ano anterior. Paulo era um grande nome, a esconder da ditadura. Depois de alguns dias, chegaram de surpresa uns coronéis acompanhados de um funcionário da Funai de Brasília, fiscalizando os trabalhos do chefe de posto. Rápidos, Paulo, Carmen e eu, antes de pousar o avião, nos escondemos numa das casinhas de madeira quadradas, novidade indígena, com buraco no centro do chão de tábuas para o fogo. Os índios riam, nós não falávamos, não queríamos fazer barulho, lá ficamos horas até a partida das visitas perigosas, exultantes de termos escapado.

Ai, os banhos no calor, apesar dos insetos da *falciparum*... Todos nus, o povo e nós, pois aí não havia funcionários estranhos a nos reprimir, só Silbene e Lia livres e alegres, era uma festa com sol a pino.

Ao pôr do sol, começavam os cantos. Eram fileiras, homens e mulheres. Horas e horas, crescia o som como um transe, repetitivo, exótico, inimaginável. Quando exauridas, deitávamos um pouco, voávamos e voltávamos, eu por fases gravando, dançando. A lua cheia era parte da orquestra de vozes, sem instrumentos. Mesmo ouvindo as gravações na cidade, cada vez a magia nos toma. Até de madrugada, sem parar, ninguém cansando. Silbene inventava letras para as melodias, "Menina fecha a perna, que estou vendo a borboleta, borboleta...". Não sei se inventava ou traduzia, se eram composições originais.

Outros dias eram as estrelas incontáveis, que tentávamos decifrar deitados, Silbene e eu em esteiras, ajustando o mapa celeste impresso (recém-comprado, na nossa ambição de astronomia de campo) para aquele ano e estação à abóbada verdadeira, contradição entre olhar para baixo e para cima, aprendizes e felizes. Eita trabalho bom, o da avaliação, mergulho na substância dos índios.

Jacutinga, o índio fugitivo

Nos Nambiquara, fiquei mais vezes que Carmen no Manairisu, pois coube a ela a avaliação do cerrado e a mim a do Vale, escolha dela, um pouco ao acaso.

Desde os primeiros tempos, Silbene vinha muito nos ver em São Paulo, e de lá partíamos para a praia da Baleia, casa de meus pais, para Paraty, acolhedora casa de Walnice, para a casa de Carmen no mar, para férias, Ano-Novo, dias conjuntos, com crianças, com reuniões, compartilhando festas e tristezas. (Ele me acompanhou numa noitada de luto por uma criança, companheiro de meus filhos, quando nem mesmo engolir meia garrafa de vodca atenuou a dor ou amoleceu meu corpo.) Redes, confidências, projetos, poesia em voz alta, relatos do quotidiano e dos mitos dos índios, conversas, risadas.

Foi em 1984 que Silbene me contou em detalhes a história de Jacutinga mencionada anteriormente. Trata-se de um Hahaintesu que fugiu do ambulatório de saúde de Cuiabá em 1976, com o filho Marco e uma mulher, Rosinha Waiksu, que lá conhecera. Procurados por toda parte, viveram isolados, uma saga extraordinária de sobrevivência e de recusa à rotina não indígena. Em 1979, foram encontrados pela Prelazia de Diamantino, mas fugiram de novo. Só em 1984 Silbene conseguiu buscá-los e controlar a revolta agressiva de Jacutinga, que se opunha a todos os não índios, mesmo aos que antes eram seus amigos: justo ódio aos colonizadores. Jacutinga e Rosinha tiveram duas crianças durante seu exílio voluntário – uma nascida numa gruta. Como se alimentavam, como dormiam, como evitavam os da cidade? História para filme, semelhante à contemporânea de Carapiru Avá Guajá, objeto do filme magnífico *Serras da desordem*, de Andrea Tonacci. Nesse caso, saga de uma família inteira de Robinsons Crusoés que se reproduzem! Silbene conseguiu apaziguá-los aos poucos e fazê-los aceitar a convivência com os seus, mesmo sob influência da Funai. Publicou o que me relatou, que faz parte de um diário seu da época do reencontro. Mais tarde, em 2001, escreveu de sua alegria de ver Jacutinga feliz com a família no Manairisu.

Em 1986, fez conosco a expedição aos Suruí Paiter, onde acontecia o ritual Mapimaí, que eu vi na inteireza em 1981. Agora bastante diferente, dadas as mudanças de hábitos em apenas cinco anos, alimentos da cidade, dinheiro, casas e utensílios, mas ainda uma beleza. Carmen encantou-se – nem os rituais xinguanos eram tão majestosos, dizia –, mas devia ser o calor do momento, são tão diferentes uns dos outros, povos e festas. Eu ficava sempre na metade da comida, da roça, dos anfitriões – para não ter que vomitar. É que os Suruí Paiter se organizam em metades. A do mato, intitulada "metare", clareira, dedica-se de preferência à caça, às andanças na floresta, às atividades artísticas de produzir flechas, cestaria, cerâmica, colares, enfeites, peças de algodão, como cintos, redes, tipoias, adornos. Moram no "metare", em local que deveria ser segredo para a outra metade, durante toda a estação seca. A da roça trabalha mais nos afazeres agrícolas, continua dormindo nas ocas da aldeia mesmo na seca, planta e colhe com fartura. Na festa Mapimaí, a metade da roça, "iwai", a da comida, oferece a bebida fermentada típica paiter, de milho, macaxeira ou inhames, aos dos "metare". Mesmo em dias normais, sem um ritual, essa bebida é o principal alimento do povo. Deve ser vomitada para ter efeito embriagante, técnica especial, que hoje muitos não dominam mais. A metade do "metare" retribui fazendo em um dia ou mais a derrubada da roça nova dos "iwai", que ficam sentados. No dia principal da festa, oferecem a estes os adornos e objetos de arte fabricados no "metare", na clareira. Os da roça não podem tomar a bebida que oferecem, portanto não vomitam. As metades trocam mulheres – cada homem tem um cunhado ou sogro na outra. Cada ano, ou em intervalos maiores, as metades trocam de atribuição, as do "metare" viram "iwai" e vice-versa. Essa foi uma das minhas maiores e mais fascinantes descobertas entre os Suruí Paiter, mas nunca aprendi a vomitar, detesto.

E vomitar até não poder mais é cortesia indispensável a quem recebe. Carmen, destemida, aprendeu a vomitar, éramos de metades opostas, trocando entre si.

Silbene, num desses dias, no pátio da aldeia do chefe maior, provocou nossa admiração explodindo contra os missionários evangélicos do Summer Institute of Linguistics, ali presentes, que reprovavam e reprimiam os costumes Suruí Paiter mais significativos, preocupados em catequizar, destruir. Foi um protesto indignado, adoramos. Nosso grupo incluía ainda um Cree canadense, Les, tão diferente dos Suruí, que pouco interesse tinha pelo mundo cultural alheio. Não tinham língua em comum, limitavam-se à cortesia de gestos, amáveis e distantes.

Na mesma viagem, nós quatro – Silbene, Carmen, Les e eu – organizamos outra aos Mequéns para verificar se haviam sido criados postos de vigilância e se as madeireiras não tinham voltado. Fomos por Rolim de Moura, a velha, mas outra vez a estação seca nos atraiçoou com chuvas anacrônicas, e rolim-rolamos em lama. Atrasados, paramos num povoado – nem chegava a isso, deviam ser três ou quatro casas e um "bolicho", vendinha de beira de estrada. Esfomeados, quase nada havia para beliscar; apenas um quarto à guisa de hospedagem. Lá ficamos os quatro, exaustos, enquanto nosso motorista arrumou outra guarida. O banheiro ficava fora, no quintal. No meio da noite, um tiroteio na nossa porta nos acordou. Ficamos encolhidos, esperando, o medo espantado por estarmos juntos, mas todos doidos para fazer pipi – tivemos que nos virar no quarto mesmo, até raiar o dia. Seguimos viagem, afoitos, mas jamais chegamos, esse parecendo ser nosso destino, o de vigiar e encalhar!

Silbene passou, um ano mais tarde, em 1987, por uma experiência bem mais grave. Acompanhou o antropólogo Daniel Gross, do Banco Mundial, à Terra Indígena Aripuanã, dos Cinta Larga, pois queria que ele conhecesse o garimpo de Ouro Preto, dentro da terra indígena, portanto ilegal. Acontece que o povo indígena desejava o ouro... e, ao verem os visitantes, inesperados, que sabiam ser contrários à exploração das riquezas, encostaram-lhes armas na cabeça e quase os mataram, não fosse a presença de espírito de Silbene, que manteve o sangue-frio e conseguiu dialogar com eles. O episódio durou dez minutos – mas o trauma, muito mais, como ele nos contou. O desapontamento e o desalento da incompreensão por parte de quem queremos defender são difíceis de superar. Justamente os dois agressores haviam ficado hospedados conosco em Cacoal, na casa da amiga Maria do Carmo Barcellos, nós os considerávamos amigos. Um deles ficara uma vez em minha casa em São Paulo. Nosso amor aos índios suporta muitas incoerências.

O de Silbene ficou provado de tantas formas. Sua volta aos Nambiquara em 2001, saltando os anos de ausência e luto, o fez reviver os afetos, alegrar-se com os nascimentos e crianças crescendo, numerosas e saudáveis, os amigos antigos recuperados, o perdão (?) ao crime, apagando o ódio. Os Nambiquara eram seu chão, o ninho de sempre, a esperança na qual ele nos envolvia, a Carmen e a mim, bem como a muitas outras pessoas queridas.

Crônicas vestidas

O pintor J. Swaminathan no Brasil

Jagadish Swaminathan veio ao Brasil em 1968 para participar do júri da Bienal. Apresentado por Octavio Paz, foi nosso hóspede, meu e do pai dos meus filhos, ainda não nascidos. Figura marcante, desaparecido há décadas, é um amigo em quem penso sempre. Era a própria imagem da Índia: olhos negros e profundos apontando para uma outra forma de saber e mergulho interior. As roupas sempre brancas, os cabelos compridos e pretos, a cor de bronze. Na casa, em dias mágicos, formou-se um conjunto voltado para a arte, nós e três pintores, Swami, o pernambucano Adão Pinheiro e a guatemalteca Margot Fanjul, que também expunha na Bienal. Éramos pedaços de mundos exóticos e diversos reunidos, mais a lembrança sempre presente de Octavio Paz e do México. Ficamos encerrados em conversas sem fim, nem sei o que ele conseguiu ver do Brasil. Ouvíamos o tempo todo música da Índia, então desconhecida para mim, e Swami ia fazendo surgir o seu país.

Ele mesmo aparecia como personagem múltiplo: o lado de malandragem pondo a brasileira no chinelo, a alma russa dostoievskiana derramada, extravasando sentimentos, o irreverente, o revolucionário. Aos 7 anos arrebentou o próprio cordão bramânico, recusando a ordem imposta. O menino rebelde deu lugar a um militante ativo, que, embora brâmane, defendeu os muçulmanos quando o Paquistão ficou independente. Curiosa dosagem de um revolucionário impaciente por ação e de místico. Este contando do sobrenatural cotidiano na Índia, lembrando dos mágicos pobres da sua infância, que batiam à porta oferecendo para levitar pessoas – ele lembrava de ver gente pairando acima do chão. Falava-nos de êxtase e "samadhi", de grandes gurus amigos seus e dos mitos hindus.

Para chegar às montanhas e aldeias de povos que conhecia bem, atravessava pequenos exércitos de bandoleiros. Fascinou-me o relato de um povo cujas casas eram enfeitadas por espelhos brilhando na obscuridade, as panelas cintilantes apesar da pobreza material. Conhecera mulheres poliândricas, usando até cinco pentes no cabelo, um por cada marido. Convivera com os numerosos Nagas, caçadores de cabeça, seus amigos. Bem mais tarde, a vida entre os índios brasileiros ou o rosto de um pajé pareciam trazer de volta o meu intenso amigo hindu, as torrentes de diálogo e as cores estonteantes da Índia.

Artista consagrado e libertário, ainda assim sentia na pele a marca de um país colonizado. Afirmou que Octavio Paz (que o considerava um de seus melhores amigos e para ele escreveu um belo poema) fora o primeiro "branco" a tratá-lo de igual para igual. Se lembrarmos que, apesar dos olhos azuis, Octavio tinha o moreno – e a ascendência – de um índio...

Swami retribuiu-nos a hospitalidade em dobro na Índia, em 1970, com alegria e acolhida semelhantes às brasileiras ou indígenas. Com ele abriram-se as portas desse país de maravilhas e universos infinitos a descobrir, o outro lado da miséria repelente e da visão de inferno que também existe. Não à toa é tão complicada para os indianos a ação política: como, na busca de uma sociedade igualitária, incorporar o pluralismo de línguas, artes, riqueza espiritual?

Swami dedicava-se a documentar a arte dos Adivasi, os povos originários indianos, e a arte folclórica, que ele distinguia daquela. Publicou em 1987, com muitas fotos, um primeiro resultado de uma pesquisa coletiva, livro que me chegou às mãos dez anos depois de sua morte em 1994.[1]

No Brasil, sua grande amiga desde 1977 foi Lúcia Fabrini de Almeida, escritora, estudiosa de sânscrito, que fez uma amorosa tradução de seus poemas do híndi para o português, em livro ainda inédito, *O trapo e a faca*. Os versos em português do poeta e pintor hindu estão acompanhados de ensaios esclarecedores do significado cultural e mítico de cada um dos sete poemas, e de um retrato do artista, apresentando suas ideias e sua vida. O conjunto, uma prosa poética, compõe em si um novo poema. Só uma grande conhecedora da Índia como Lúcia, escritora sensível, com maestria da palavra, apaixonada pelo texto, seria capaz de fazê-lo.

A amizade é transitiva, e estendeu-se a um grande amigo, Roberto Gambini, que foi com Lúcia Fabrini de Almeida à Índia, a uma reunião de povos tribais em 1993, em Bhopal, para a qual também fui convidada e infelizmente não pude ir.[2] Estive na Índia apenas em 1970, abrigada por Swami, sua mulher Bhawani e os filhos, Kalidas e Harsha. Este foi nosso último encontro e jamais nos correspondemos, pois ele não gostava de escrever cartas. Lúcia o traz de volta em sua plenitude, e inclui no livro suas últimas fotos, usando colares indígenas de coquinho de tucumã e pulseiras de dentes de macaco, meu presente brasileiro.

Parte deste ensaio consta de artigo de 1982 publicado na *Folha de S.Paulo* (Betty Mindlin, "Um pintor místico e revolucionário", *Folha de S.Paulo*, Folhetim, 11 abr. 1982, p. 8) e parte seria uma apresentação ao livro ainda inédito de Lúcia Fabrini de Almeida, *O trapo e a faca*, tradução de poemas do pintor e ensaio sobre sua vida e obra.

Notas

[1] J. Swaminathan, *The Perceiving Fingers. Catalogue of Roopankar Collection of Folk and Adivasi Art from Madhya Pradesh, India*, Bharat Bhavan, Bhopal, Índia, 1987.

[2] O encontro chamou-se Eternal Voyage. International Meeting of Tribal and Analogous Peoples, no Museu do Homem Indira Gandhi, em Bhopal, Madhya Pradesh.

Os fios do sonho: Anaïs Nin

Anaïs é minha descoberta e companheira desde 1970. Li os *Diários* ao mesmo tempo que um amigo muito parecido com ela e sem percebermos foi se tornando um paradigma. Viver como uma dança, com leveza, abolindo a distância entre o ser e a fantasia – pôr na ação o sonho. O aprendizado do tempo: Eros, a contemplação, a conversa, o outro. Tecer a vida e gravá-la no papel, em cada acontecimento do quotidiano, tão fundamental a construção das formas de ser quanto o trabalho ou a política. Anaïs dá importância suprema aos amigos, ao estalo entre as substâncias mais profundas de cada um. Formam uma tribo, ao se enxergarem impulsionam a ação e criatividade uns dos outros.

Anaïs acredita no encontro, no contato mágico e solar entre as pessoas, alegre, possível, apesar da opressão da sociedade. É o oposto de abismo, um vibrar de sentido permanente. Mas sem evitar a sombra; olhando-a de frente, vivendo a tristeza, a escuridão, o proibido, os conflitos com a coragem que falta à maioria das pessoas. E sobretudo a transparência: atravessar a ordem vigente, num desafio contínuo ao estabelecido, com essa soltura que faz os iguais se reconhecerem e se aproximarem. Os laços de confiança entre os membros de uma comunidade, que busca a luminosidade acima de tudo, dão segurança para explorar novas formas de vida e conhecimento, força para suportar a guerra, depressões, os golpes, a luta – os momentos em que o mundo vira de cabeça para baixo. Todo esse fluir aparece em mil pequenos fatos, como morar num barco no Sena, ter um macaco em casa quebrando os objetos mais preciosos, interromper o trabalho de escritora e psicanalista para ouvir e abrigar amigos como fada protetora, dar-lhes ajuda econômica apesar das próprias dificuldades, participar do que eles fazem: uma imprensa política, um filme, uma aventura amorosa.

Há muitos cortes nos *Diários* e Anaïs parece discreta demais com os homens. São amigos ou amantes, qual a relação com o marido, tem ou não filhos, como lidava com os preconceitos e prisões inevitáveis nos outros, que não poderiam ter sempre o mesmo senso de liberdade que ela? Tudo é um pouco encantado, mágico demais – irreal. Além da censura na publicação, talvez porque ela queira provar que a luz que tem com todos é possível sempre, com ou sem sexo e desordem. Essa luz que a faz dançar seminua na praia, aos 70 anos, nas fotografias que olho.

Que o corpo é vivido plenamente, *Vênus erótica* o prova. O livro voou até mim bem mais tarde, num koan de outono a Anaïs Nin, em folha seca de carvalho. Mostra um saber só de experiências feito, que aparece menos nos diários ou romances. As fantasias secretas de mulher postas em prática, a transgressão que lhe sugere a cultura aprendida hoje, a liberdade de ser homem e mulher sem medo e limites – um exercício que há de mudar as imagens do erótico e do feminino. Apesar da intenção de pornografia – o editor pedia menos poesia –, os contos têm às vezes um enredo romanesco, maldito, à Isak Dinesen, o culto do fantástico e misterioso, que lhes dá certo encanto e modera a monotonia de algumas descrições realistas demais.

O livro como que completa o feminino inventado por Anaïs, distanciado de qualquer tom convencional, carregado de aventura, de imaginário, imerso na poesia que não pode ser abandonada nem mesmo em meio à mais envolvente luta política – e que pelo contrário, pode dar uma nova abertura ao próprio pensamento político. Não é à toa que Anaïs, na velhice, juntava em conferências multidões de feministas.

154

A companhia de Octavio Paz, no seu centenário

Era um apartamento pequeno, um porão, iluminado por janelas instaladas à altura da cabeça dos moradores, dando para o chão coberto de neve, sempre fechadas por causa do frio. Era possível avistar de baixo para cima os pinheiros, abetos, carvalhos e outras árvores do hemisfério norte, os flocos brancos enfeitando os galhos secos, paisagem encantada para quem vem do sol dos trópicos. A moça recém-casada dava os últimos retoques nos guisados que preparara, ela que há pouco mal sabia cozinhar, mas aprendera sozinha, lendo um clássico, *Brazilian Cookery*, pleno de segredos. Sem prática, insegura, os convidados gostariam? Os vinhos compensariam erros, presente dos pais e mães do jovem casal; raras safras no Brasil, onde produtos importados eram poucos, a preços proibitivos, mas aqui acessíveis nas lojinhas da cidade universitária de Ithaca, estado de Nova York.

Chegaram, depois de espera ansiosa: Octavio, pele escura que poderia ser de um indiano ou dos muitos povos mexicanos, contraste com os olhos azuis, um homem atraente, doce à primeira vista, maduro, pois tinha a exata idade do pai dela – 51 anos? Marie José muito mais moça, cabelos soltos escorridos sobre os ombros, saltitante, pondo à vontade os anfitriões um tanto intimidados pelo grande personagem. Contava do país natal, a Córsega, e relembrava com Octavio o início do namoro em Delhi, no Humayun's Tomb (mausoléu de Humayun) de cepa mogul, pedras rosa-escuro erigidas em palácio. Octavio volta e meia falava de tudo que ela deveria ler; um repertório acumulado em décadas de erudição ainda os separava, mas ela o galgava com agilidade. Para os brasileiros recém-chegados, ele era apenas um desconhecido professor de Cornell por quem, como alunos, sentiram-se atraídos, estrangeiros irmanados em terra dos dominadores.

Marie José e Octavio não entraram sozinhos na sala modesta. Pela neve quase encobrindo o vidro, irrompeu toda a literatura latino-americana, então ainda não traduzida ou popular no Brasil, como se tornou nas décadas seguintes. Octavio falava dos grandes amigos, Gabriel García Márquez, José Emilio Pacheco, Ramón Xirau, o ainda próximo Vargas Llosa, Julio Cortázar, Alejo Carpentier, Juan Rulfo, tantos romances, poetas, assuntos de revistas como *Plural* e *Vuelta* que fundaria mais tarde. Nos Estados Unidos, Susan Sontag, em seu *Against Interpretation*, comentava o panorama dos escritores de um continente não considerado unidade. Avalanche de leitura em espanhol: abriu-se um mar de livros novos para a mocinha deslumbrada. Poucos anos depois a obra de Octavio Paz, que até então ela jamais lera, tornou-se conhecida no Brasil: Celso Lafer, que tanto escreveu sobre o poeta, convidou-o para vir ao Brasil e, com a mulher, Mary, recebeu-o e a Marie José em sua casa em São Paulo.

Mas naquela e em muitas outras noitadas, passeios, conferências, almoços no bandejão de Willard Straight Hall, restaurante simples da bela universidade, uma das mais encantadoras da Ivy League e do país, telescópios traziam estrelas. Octavio era amigo de Buñuel, de André Breton, dos franceses, dos surrealistas! Jorravam episódios, como se fossem iguais escritor e ouvinte estarrecida. Pela rotina doméstica,

156

acenavam o México, a Índia, o Japão, o budismo, caminhavam viajantes de eras remotas pela China e Oriente, antes de Marco Polo.

Uma viagem concreta ao México foi a primeira: visitando e conversando com os escritores, com o colecionador de peças arqueológicas Stavenhagen (pai do combativo jurista e antropólogo Rodolfo, defensor dos povos do mundo), percorrendo astecas, toltecas, mistecas, Guanajuato mourisca, o Museu de Antropologia da capital, as pirâmides maias do Yucatán, vulcões como o Nevado de Toluca, Oaxaca e suas línguas e cores, Pátzcuaro com praças de três séculos diferentes. Em Cuernavaca, onde morou o líder das ligas camponesas Francisco Julião, destacou-se o encontro afetuoso com o pensador Ivan Illich, padre libertário indomável. Em toda parte havia a pintura de Rivera, Tamayo, Frida Kahlo, a memória de Trotski. Sabores em lugarejos, o povoado e o convento de Tepoztlán envolvido em doces de ovos quase portugueses, o imponente colégio jesuíta de Tepotzotlán, tamales de recheios e estirpes diversas, cozinha exótica decantada por Octavio. Primeiro contato com soror Juana Inés de La Cruz, com quem Octavio queria se casar se pudesse voltar 350 anos no tempo.

Na capital, o cenário soturno, ao vivo, dos massacres de Tlatelolco, o primeiro na época da conquista, o último com estudantes morrendo aos olhos de espectadores nos prédios em volta, em 1968, que provocara em protesto a demissão de Octavio de seu cargo de embaixador do México na Índia. Para a viajante, o guia do país não era o verde Michelin, mas sim as cartas de apresentação de Octavio e sua rede de amizades. As malas enchiam-se de livros, que então não podiam ser comprados pela inexistente internet, de huipílis, tapetes e xales de lã, cerâmica, latões, arte marginal desprezada nesse tempo, roupas-brasões indicando origens, vestidas só pelos autóctones. Os livros de Octavio foram um nascimento e um caminho de formação.

No Crato e em Juazeiro do Norte, ainda arcaicos, com enterros em rede e bandos de mendigos nas ruas, falta de água, sujos hotéis com nuvens de moscas, felizmente com ganchos para dormir nas próprias redes munidas de mosqueteiros e não nos imundos lençóis, a leitura de *O arco e a lira* transformava o cenário e a vida em um sentido absoluto, instantâneo, a poesia fazia desaparecer o sofrimento e a miséria, mesmo que as evocassem. Os poucos dias empoeirados, destinados a descobrir um Brasil da seca, da memória do padrinho Cícero, do cangaço, de José de Alencar, dos reinados beatos ou revolucionários foram embebidos em *O labirinto da solidão*. Emergiam do amigo poeta formas de criar um caráter nacional e buscar um imo geográfico para o nosso ser histórico, um poético Sérgio Buarque de Holanda mexicano que trilhara a volta ao mundo e tudo sabia. Era falso dizer que não se pode ao mesmo tempo ocupar dois lugares no espaço: os livros o permitiam.

Do Ceará a Nova York, em casa de Michel Rabinovitch, famoso pesquisador de moléstias tropicais – leishmaniose, chagas e outros males –, num altíssimo prédio frente ao rio Hudson e com o beneplácito de sua mulher e filhas pequenas, o sofá-cama se abria e *Conjunções e disjunções* levavam a pensar sobre as relações entre corpo e alma, a arte e cada época histórica, o gótico e o céu distante, num maior afastamento entre o espiritual e o material. No outro extremo, de proximidade, as esculturas yakshis indianas, carne e pedra uníssonas, os stupas imateriais em sua montanha de rocha, o quadro de Velázquez da mulher nua de costas mirando-se no espelho.

Era a urgência de abolir a repressão ao erotismo. Cada ensaio de Octavio inscrevia-se na sensualidade, incorporado a um novo modo de existir para a leitora novata, gulosa, comendo letras e exemplares raros com a pele, a boca, o sexo. *O mono gramático*, sintaxe aprendida do amor, os parques da Índia com símios quase gente, ameaça de ataques masculinos por vezes, eretos não apenas nas pernas, também Hanumans salvadores de Sita, prenúncio das colchas vermelhas de onde surgiria Marie José em poemas. Octavio enviou para São Paulo um presente mágico da Índia, como se fosse um embaixador a compensar o ofício ao qual renunciara há pouco por lá: apresentou seu grande amigo, o pintor J. Swaminathan, que veio como expositor e jurado na Décima Bienal de São Paulo (1968).

Com exígua verba de viagem, só amigos poderiam estender sua permanência para conhecer melhor o Brasil. O turismo ficou apenas limitado à casa dos anfitriões, dias encantados falando da Índia sem cessar, a música do norte e do sul, ragas e tambores sempre ao fundo, a notícia da arte e dos povos tribais. Seu vasto saber jorrava natural, memórias de amor ao universo indiano. Descrevia a levitação da sua infância, à porta da casa, por magos que vinham com frequência oferecer alados préstimos. Swami era jovem, uns 40 anos no máximo, sempre de branco, vestido com um "curta" impecável e a saia masculina, os longos cabelos muito pretos, o olhar profundo a despertar modelos eróticos.

Brâmane, menino ainda rompera o cordão ritual como recusa do sistema de castas; na guerra da independência defendera os muçulmanos no tumulto sangrento. De esquerda, ex-comunista, rebelde. Imantava ao falar da meditação e da busca do nada, do Ganges, do samadhi, dos anacoretas e peregrinos. Afirmava que Octavio Paz fora o primeiro "branco" (e Octavio não parecia tão branco assim...), o primeiro representante dos não colonizados (Octavio que tinha história latino-indígena!) com quem se relacionara de igual para igual. Bhawani, a mulher de Swami, era brâmane também. Tinham dois filhos belíssimos ainda crianças, Kalidas e Harsha. Do Brasil, Swami pouco viu – o passeio paulistano ficou reduzido a horas lindas de conversa, animadas por três pintores e seus pincéis, Adão Pinheiro, Margot Fanjul, guatemalteca que também expunha na Bienal, e ele próprio. Adão era já adepto e conhecedor à distância da Índia. Octavio dedicou a Swami um belíssimo poema que assim termina, e que eles dois traduziram juntos para o inglês.

"Con un trapo y un cuchillo

    Contra el triángulo

El ojo revienta

    Surtidor de signos

La ondulación serpentina avanza
Marea de apariciones inminentes.

El cuadro es un cuerpo
Vestido sólo por su enigma desnudo."

(Octavio Paz, *Ladera Este*, México, Joaquín Mortiz, 1969, p. 23)

A viagem à Índia foi quase a continuação da anterior ao México: Octavio e Swaminathan fundiam-se em cor morena de outros mundos, ambos mestres e gurus. Swaminathan, acolhedor e ansioso para explicar o seu país, retribuiu com generosidade muito maior o abrigo em São Paulo e apresentou artistas, escritores, políticos, diretores de museus amigos de Octavio. Meses de estudos e leituras prévias sobre a história e cultura indianas, pouco difundidas no Brasil, não amainaram o espanto das primeiras multidões, dos aromas estranhos das comidas e temperos, das pimentas mais afogueantes que as africanas ou mexicanas. Vacas com precedência nas ruas e estradas, a miséria, aleijões e mutilados, dejetos em produção, escancarados sem disfarce por quem se agachasse em Bombaim e Calcutá, ao lado de pulseiras e perneiras de ouro das belas mulheres magérrimas, envoltas em panos de todos os matizes – vermelho, laranja, roxo, magenta –, combinações inusitadas enquanto trabalhavam sem cessar quebrando pedras de calçamento, o festival de primavera em Jaipur, arco-íris de trajes e enfeites, cavernas de Ajanta ou Ellora, templos hindus com flores, mesquitas rosadas, Madras e seus macacos de rochas abraçando-se em fileiras de tamanhos decrescentes perto da areia, lingams e ionis pétreos banhados pelas ondas em praias surpreendentemente vazias... (Era 1970, a época em que Louis Malle fez seu forte documentário, que o tornou *persona non grata* na Índia, e que a viajante só viu 40 anos depois.)

Os moradores de Delhi punham colchões e bancos no meio da rua ou nos jardins, para fugir ao calor, ou se acomodavam nos riquixás para as noites ganharem frescor e o espaço do mundo, fugiam às casinhas onde famílias de filhos infinitos dormiam apertadas. A vergonha do transporte em riquixás, em conversas fluentes, em inglês indiano, com os esqueléticos carregadores que pareciam puxá-los sem esforço, como se fossem as liteiras da escravidão brasileira, de repente reapareceu décadas depois, em uma Berlim do terceiro milênio, dessa vez apoiada nas pernas atléticas de imensos homens teutos.

Um só escritor pode ser um fogo sagrado aquecendo despretensioso um olhar juvenil, em poucas horas de presença, à qual se somaria o tempo incontável de mergulho em seus livros no decorrer dos anos. A leitura de Renga despertou a vontade de criar em grupo, de fundar uma caverna de poetas em versos entrelaçados simultâneos. Quantos haicais decorados de Sendas de Oku, de Matsuo Basho, na versão castelhana de Octavio Paz, e Eikichi Hayashiya, com a iluminada introdução de Octavio. Iluminações em três linhas e poucas sílabas, fósforos de novos poemas. Na vasta obra poética, a reflexão sobre o amor e a descrição de como foi vivido: quem chegou perto de Octavio Paz, em breves encontros ou apenas em longa leitura – e com tanta gente o mesmo sucedeu – terá experimentado uma transformação alquímica.

Natalia Ginzburg em Passo Fundo

O livro mais famoso de Natalia Ginzburg tornou-se para minhas irmãs e para mim um léxico familiar, sempre evocado nas conversas cotidianas, nos comentários sobre as reuniões em casa de nossos pais e nas histórias da nossa infância. Tardiamente traduzido para o português, é nossa primeira escolha como presente de aniversário a quem ainda não o conhece. A paixão pela escritora só cresceu e nos levou, arrastando um dos meus cunhados, a ler toda a sua obra no original e a descobrir a literatura italiana.

Assim, foi uma emoção avistar Carlo Ginzburg e sua mulher Luisa no aeroporto de Congonhas, em 2007, quando nós, quatro irmãos, viajamos com meu pai à Feira Literária de Passo Fundo, na qual ele e Ginzburg foram conferencistas proeminentes. Eu tinha lido a maior parte dos livros do historiador, e até o ouvira em Cambridge, na Inglaterra, pois fora rapidamente apresentada a ele por Maria Lúcia e Peter Burke, meus amigos. Antes disso, ele visitara a biblioteca de meus pais, na rua Princesa Isabel, onde eles moraram de 1948 até o fim da vida, e eu dos 6 anos até casar – mas nesse encontro eu não estive.

Sentamos longe dele esperando o embarque, e eles e meu pai não se cumprimentaram, não devem ter se reconhecido num primeiro momento. Fui tomada de um ataque de timidez e de uma dúvida incômoda, não me aproximei para me apresentar: era a mãe dele que eu amava, embora o admirasse, e como iria expressar essa idolatria sem ofender seu orgulho de grande autor?

Chegando a Passo Fundo, belíssima feira organizada por Tânia Rösing, o anonimato artificial do trajeto desfez-se nas primeiras horas. Nós nos falamos, eles e meu pai retomaram o laço feito alguns anos antes, passamos a dividir com o casal a mesma mesa em todas as refeições e a ficar perto em qualquer ocasião. Depois de algumas horas, criei coragem de dizer a Carlo que sou fã e grande leitora de sua mãe, cuja fotografia está pendurada em frente de meu computador; para meu alívio, em vez de se sentir diminuído, ele ficou felicíssimo e falou muito dela. Descobrimos que Leone Ginzburg, marido de Natalia, assassinado pelo nazifascismo, nasceu em Odessa, como meus avós paternos. Em idade, era próximo dos meus pais, nasceu quando meus avós acabavam de deixar o país. Judeus todos, poderíamos ser parentes; passamos, de brincadeira, a nos considerar primos. Ele e a encantadora Luisa, então diretora de um museu de arte medieval em Ferrara, confessaram que ao me ver em Congonhas me acharam com ar da família de Carlo, as mesmas feições. Deixaram-me nos céus, apesar de o parentesco não provir de Natalia: eu faria parte do *Léxico familiar*...[1]

O que não me aventurei a lhes contar é que escrevi para *O Estado de S. Paulo* uma espécie de resenha de *È stato così*, um dos romances de Natalia.

Ao ler, eu me identifiquei com a anti-heroína e narradora do livro, que com exceção de raros traços, é o oposto do que uma mulher ativa, inteligente, moderna teria como modelo. Tem muito em comum com a Macabéa de *A hora da estrela*, de Clarice Lispector. Não é bonita, tem um trabalho rotineiro como professora numa escola de crianças, aos 26 anos nunca teve um namorado, nenhum homem quer ouvir a sua história.

Nem tem história, aliás – leva uma existência monótona, apenas pontuada por visitas maçantes aos pais numa cidadezinha italiana e pelos encontros com a única amiga, Francesca, que no decorrer do livro vai adquirindo traços contrários aos da personagem-narradora. Francesca gosta de homens, é volátil e vaidosa, sem deixar de ser simpática e afetiva, mas é desprovida de autorreflexão e profundidade.

A narradora de *È stato così* nem sequer tem nome, não mencionado no livro – como também não tem a filhinha que vem a ter e que morre, que é apenas "a menina". Todos os outros personagens são nomeados. A anti-heroína não tem grande interesse por sexo, parece ter sensualidade mínima, tem um único homem ao longo do livro, seu marido Alberto, embora sinta atração por um amigo dele quando estão prestes a se separar. Só em fantasia, antes de casar, deseja um homem imaginário. Deixa a profissão ao casar – parece não ter nenhum interesse pelo mundo, pela ação ou por ideias. Sabemos apenas que gosta de alguns romances e da poesia de Rilke que Alberto lê. Uma vida sem preocupações materiais, nada sobre a sociedade, as diferenças e desigualdade humanas, os outros, o mundo...

A sua característica principal é olhar para dentro de si, para o vazio interior, para o poço sem fundo e sem conteúdo – e não para fora. Quer sempre saber o que o outro está vivendo: onde está Alberto, o que está fazendo, o que sente de fato por ela. Ser casada, pensa, é seguir as horas vividas pelo companheiro, tê-lo ao alcance da curiosidade.

Quando Alberto aparece em sua vida, seu interesse por ele, surpresa para ela própria, cresce em virtude da monotonia que são os seus dias. Nos primeiros tempos não está apaixonada por Alberto, um homem muito mais velho que ela, que a trata com imenso carinho. São amigos, ela pensa que ele a ama, mas não tem coragem de se declarar. Vai se habituando às suas delicadezas, aos seus presentes de flores e chocolates, à curiosidade que tem por ela e por todos os detalhes da sua vida – até que se descobre, ela sim, apaixonada. É ela quem decide confessar o seu amor, pois é alguém para quem a verdade e a honestidade são valores máximos. Alberto, desolado, percebe quanto mal fez a ela, pois a quer como amiga, sendo há anos apaixonado por uma mulher casada.

Acabam, porém, por casar e instituir outra monotonia envolta em ternura e em amor não retribuído, irrealizado. Na personagem e existência desbotadas, só restam como vigor e êxtase a maternidade e a fidelidade ao marido, valores tradicionais não contestados.

O clima é permanentemente triste, culminando na tragédia da morte da filhinha... E ela, humilde, ingênua, vai vivendo sempre na insegurança de perder o marido, seu único afeto, sabendo que ele vibra com intensidade apenas longe da sua companhia.

O romance começa com o tiro em que ela o mata, quando ele anuncia, superficial como de costume, sem qualquer explicação, que vai passar uns dias fora de casa.

Talvez o assassinato seja a mais plausível solução (literária) para tal história de amor-desamor: que homem, mesmo que fosse um amante perfeito, o que está longe de ser o caso de Alberto, poderia corresponder a tantas prementes necessidades não aplacadas como as da hipersensível, passiva e inativa narradora?

Que uma mulher como Natalia Ginzburg, complexa expoente de mulher escritora, engajada no seu tempo e na história do seu país, criativa, crítica, artista, imagine um enredo e uma figura insossa e angustiada como esta; que outras mulheres de vida plena e densa se espelhem na personagem: ó espanto! Cada mulher olhando a própria sombra encoberta, sempre (ou ocasionalmente) prestes a explodir, se a ela não se der algum espaço, ao menos o imaginário. *È stato così* é um romance para dialogar com fantasmas.

Ela própria assim escreveu sobre esse livro escrito num dos períodos mais tristes de sua vida, quando o antifascista Leone Ginzburg morreu nos cárceres de Mussolini, em 1944, três anos antes da publicação desse romance a ele dedicado.

"Escrevendo *La strada che va in città*, eu queria que cada frase fosse como uma chibatada ou um bofetão. Quando escrevi *È stato cosí*, ao

165

contrário, me sentia infeliz e não tinha vontade nem forças para chicotear ou esbofetear. Seria possível pensar que eu tivesse vontade de dar um tiro, já que esta história começa com um disparo de revólver: mas não, eu estava completamente sem forças, e infeliz."[2]

Costumo invocar Natalia Ginzburg na luta por legalizar o aborto. Ela não se definia como feminista, muito pelo contrário. No artigo "La condizione femminile",[3] declara não amar o feminismo, que vê como um movimento estimulador do antagonismo entre homens e mulheres, e não como uma luta social importante e inovadora. Por que não se refere à luta das mulheres pelo voto, pela instrução, pela educação superior, por oportunidades profissionais, pela participação política, pelos direitos reprodutivos? Que imagens teria do que é o feminismo, será que não se encantou, no mínimo, com *The Vindication of the Rights of Women*, de Mary Wollstonecraft, ou de *A Room of One's Own*, de Virgina Woolf? Não importa muito, pois de modo concreto ela escreve sempre em defesa das mulheres. Seus romances e ensaios são uma forma muito própria e rara de promover as mulheres e apresentá-las como seres com uma visão de mundo especial.

De sua lavra é um belíssimo artigo sobre o aborto, "Dell'aborto".[4] Não hesita em proclamar a liberdade feminina ao aborto; com sua sensibilidade habitual, constrói um quadro tristíssimo do que significa, para as mulheres, optar pelo aborto, uma escolha para elas individual e privada, que segundo Natalia deve ser reconhecida por lei, por ser dolorosa e de foro íntimo, ao contrário da decisão de matar quem já nasceu, pois então estamos na esfera coletiva e da sociedade, e o infanticídio se configura em crime. Deve ser a mulher a decidir pelo que se passa em seu corpo, mesmo com o sofrimento de interromper uma gravidez e um renascer.

Natalia Ginzburg (1916-1991), uma das grandes figuras da literatura italiana, ainda não tem toda a sua obra traduzida para o português, ao contrário de seu filho, o historiador Carlo Ginzburg, famoso entre os brasileiros. É autora de muitos romances, como *La strada che va in città*, *È stato così*, *Tutti i nostri ieri*, *Le voci della sera*, o romance autobiográfico *Lessico famigliare*, *Caro Michele*, *La città e la casa*, e de livros de ensaios (*Le piccole virtù*, *Mai devi domandarmi*, *Vita immaginaria*), além de comédias, contos, peças e o estudo histórico *La famiglia Manzoni*.

Notas

[1] Natalia Ginzburg, Lessico famigliare, em *Opere*, Milano, Mondadori, 1987, v. I, pp. 897-1113.

[2] Idem, ibidem, pp. 1128-9. (No original: "Scrivendo *La strada che va in città* volevo che ogni frase fosse come una scudisciata o uno schiaffo. Invece quando scrissi *È stato così* mi sentivo infelice e non avevo né la voglia né la forza di schiaffeggiare o di scudisciare. Si penserà che avessi voglia di sparare, dato che questo racconto comincia con um copo di pistola: ma no. Ero del tutto senza forze, e infelice.

Scrissi questo racconto per essere um po'meno infelice. Sbagliavo. Non dobbiamo mai cercare, nello scrivere, uma consolazione. Non dobbiamo avere uno scopo. Se c'è una cosa sicura è che è necessario scrivere senza nessuno scopo.")

[3] Idem, Vita immaginaria, em *Opere*, Milano, Mondadori, 1987, v. II, pp. 647-53.

[4] Idem, ibidem, pp. 1299-303.

Na trilha de um passaporte iraniano

Um relato de dez dias de viagem, quando da lavra de uma escritora com pleno domínio de sua arte, erudita e ficcionista, pode transformar-se no quadro de um país e de seu clima político, cultural e social. É o caso de *Passaporte à iraniana* (classificado como romance na folha de rosto), uma descrição da passagem da autora Nahal Tajadod por Teerã, onde nasceu e viveu até os 17 anos. Acompanhada da filhinha pequena, Kiara, cujo pai é o cineasta Jean-Claude Carrière, ela vai visitar a terra natal, rever parentes e amigos e tentar renovar seu passaporte iraniano – ela é também cidadã francesa. Percebe-se que vai com frequência, tem até mesmo um apartamento na cidade.

Desde as primeiras páginas do livro – dividido em capítulos correspondentes aos dias da semana, desde um sábado até a terça-feira da segunda semana –, o cotidiano e os afazeres aparentemente sem importância ou só pessoais vão compondo o conjunto das características de um país, de relações humanas muito particulares, de uma

168

sociedade e cultura. Surge, como pano de fundo, um esboço do regime autoritário e fundamentalista, e das fortes reações em direção à liberdade que ela vai observando em quem encontra.

Tudo gira em torno da tarefa insana de documentação, com a burocracia e os estratagemas necessários para fugir à espera interminável. Ao acaso, ela recorre a fotógrafos vizinhos, que se oferecem para resolver todos os seus problemas, desde estofar cadeiras e instalar antena parabólica, ilegal no Irã, até apresentá-la a um médico legista capaz de tornar mais ágil, segundo prometem, a obtenção do passaporte. Vamos nos inteirando, nas páginas bem-humoradas de Nahal, do "jeitinho" iraniano, combinado a estratagemas de toda sorte para burlar regras e valorizar supostos serviços úteis. O médico legista tem influência junto a militares por dissecar cadáveres e talvez fazer tráfico de órgãos – mas após muitas peripécias, sua intervenção mostra ser inútil. Nahal perde horas e dias no trânsito iraniano, pior que o de São Paulo ou da Cidade do México, em providências kafkianas sem resultado.

Essas aventuras permitem-lhe, porém, contar-nos como é a vida dos iranianos. Para tirar a fotografia do passaporte, entrar nas repartições públicas ou mesmo circular nas ruas, as mulheres são obrigadas a esconder qualquer mecha de cabelo, saltos altos, unhas pintadas, batons, trajes ocidentais ou considerados impudicos. Disfarçam-se sob vestes largas ou chador. Funcionárias examinam quem entra nos prédios do governo, vasculham roupas e bolsas, buscando o que é proibido. As mulheres não podem dar a mão ou olhar os homens, nem sequer amigos ou parentes com quem têm a maior intimidade. Patrulhas de costumes prendem os desobedientes, jovens em grande maioria, multam-nos e, se não pagam, submetem-nos a castigos corporais. Bebidas alcoólicas, vinho, nem pensar. Todos se tratam por você, jamais por senhor ou senhora. Depois da Revolução de 1979, as mulheres só são chamadas de mãe, o que irrita Nahal sobremaneira. No entanto, todos infringem as regras. As funcionárias oferecem comida a uma Nahal desfalecendo de fome, admiram (e ganham) o batom encontrado na bolsa, reclamam da rigidez que "eles" lhes impõem. Os taxistas a tratam por senhora com o respeito de tempos antigos, seus visitantes fotógrafos ou outros lhe dão a mão. As mulheres passam férias em Dubai, paraíso sonhado das iranianas burguesas, exibindo biquínis nas praias e usando decotes. Nos restaurantes, veem-se casais de namorados camuflando carícias, cafés de lésbicas, roupas colantes e mocinhas magras usando perfumes e bolsas ocidentais. Há uma solidariedade tácita e generalizada, inventiva, contra a mão de ferro das normas opressivas. Contrabandistas obtêm vinho e outras bebidas, assim como caviar a preços baixos. Bebe-se muito nas embaixadas, fabrica-se um (péssimo) vinho doméstico servido em garrafas de Coca-Cola. Antes, diz Nahal, os iranianos bebiam na rua e rezavam em casa; agora exibem a religião nas ruas e bebem escondidos em suas salas. A revista *Vogue* e outras de modas são prestigiadas, e a empregada de Nahal morre de ciúme quando ela oferece alguns exemplares aos fotógrafos cuja irmã é costureira. Tudo é possível, debaixo do pano. Sentimos a alegria de mudanças inevitáveis, que virão do anseio de liberdade da população como um todo. E do desejo de consumo (nem sempre um belo modelo).

(Antes de 1979, estrangeiros visitantes conseguiam manter o comportamento e roupas que eram seus, como eu mesma pude observar. Diante das condições atuais, é extraordinário pensar que viajei por todo o Irã usando uma minissaia e uma camiseta decotada – hoje seria presa na primeira esquina, se estivesse na Teerã do livro de Nahal. Era 1970, época do xá Pahlevi. Muito jovem, magrinha, ingênua, enfrentava o calor insuportável do mês de julho, sem me dar conta de ofender ou entrar em choque com os costumes do povo que desejava conhecer. Exibi minhas pernas em Teerã, Isfahan, Shiraz, Persépolis, sem jamais ser submetida a nenhuma inconveniência ou insulto. Uma vez, ao sair sozinha pelas ruas de Teerã, uma pequena multidão de meninos de 10 a 12 anos cercou-me, deitou-se no chão, e olhou para cima, para o que devia lhes parecer o céu, encoberto apenas pela pouca metragem de pano azul-marinho. Eu achei graça e nos tratamos com gentileza recíproca. Com as mulheres, vestidas de negro, ainda com o rosto descoberto, eu me sentia inteiramente à vontade, e "conversávamos" como velhas cúmplices e amigas, com uma palavra mágica, Pelé, identificando meu país e origem, abre-te sésamo da geografia desconhecida.)

O refinamento dessa cultura milenar, muito anterior ao islamismo e aos árabes – que também criaram um denso universo artístico e literário –, é aparente nos pequenos eventos diários. Há o hábito do "tarof", de recusar gentilezas ou oferecimento de comida e presentes, espécie de pechincha às avessas, que retarda em ritual a aceitação de favores, como o pagamento de um jantar, um táxi ou mesmo uma transação comercial. As iguarias elaboradas, sucos e doces coloridos, mesmo em lugares populares, dão água na boca. As fórmulas de polidez são poéticas, como "que vossa alma saboreie a doçura dessa sobremesa...", e assim por diante. A hospitalidade e o calor humano dissolvem a impessoalidade de uma grande metrópole, lembrando um Brasil arcaico.

E, sobretudo, a apreciação da poesia e da literatura clássica, oral e escrita, em toda parte e a toda hora. Matando a fome em um boteco, depois de um dia de peregrinação infrutífera pela burocracia, Nahal e um amigo, tradutor de Balzac para o farsi, ouvem um contador recitar o começo do *Shahnameh* ou *O livro dos reis*, epopeia mítica da Pérsia antiga, de Ferdowsi, poeta do século X, exaltando os feitos de uma heroína guerreira. Todos conhecem e sabem de cor.

Quando Nahal já achava que demoraria meses para conseguir o passaporte, antevendo o marido ansioso ir sem ela ao Festival de Cannes, e temendo não chegar a tempo para sua própria conferência na

França sobre a relação entre budismo e sufismo, uma jornada mágica é a reviravolta. Ela vai com a tia e a filhinha visitar Fayaz, o mais famoso marionetista do Irã, para convidá-lo, em nome de Jean-Claude, para o festival de teatro de Montpellier. Nessa tarde feérica, em que os personagens dos clássicos são encenados pelos bonecos, o marionetista oferece a influência de um amigo presente, oficial ligado às autoridades, que no dia seguinte, com manobras sutis e clandestinas, consegue em minutos o novo passaporte. Trata-se de um admirador da arte francesa e de Jean-Claude; apoiou muitos grandes artistas famosos em viagem ao Irã.

Ao encanto do espetáculo de marionetes, soma-se uma coincidência mágica: a casa que visitaram é vizinha àquela onde a tia que a acompanha e a avó de Nahal moraram há 40 anos. A tia conserva uma chave da casa que nunca mais vira, e abre agora o cadeado do portão...

Ao cenário do Irã, Nahal acrescenta, em pinceladas esparsas, muito sobre sua vida. É filha de escritores estudiosos ilustrados em muitos campos. Seu pai traduziu para o persa o *Fihrist* de Al-Nadim, um célebre catálogo árabe do século X. A mãe, de origem curda, pintava, cantava, escrevia. Tinha terras na região de Mazandaran, onde seus ancestrais instalaram-se no século XVI, a convite dos reis safávidas. Nahal evoca um belo amor da adolescência, aos 14 anos, uma verdadeira poesia. Também em seu romance sobre a vida de Rumi, Nahal faz uma sedutora referência à sua vida pessoal, contando que tentou durante dez anos ter filhos, e o nascimento de Kiara atrasou a publicação do livro, mas foi, como num verso de seu personagem, "sangue transformado em leite". Sua biografia romanceada de Rumi, escrita na primeira pessoa, na voz masculina, é de uma extrema delicadeza ao tratar as formas amorosas diversas e a experiência mística, e muita habilidade ao recriar o clima histórico e o personagem – um livro cuja tradução para o português é indispensável (Tajadod, 2004).

Nahal tem uma relação indireta com o Brasil – seu marido Jean-Claude é o roteirista de *Brincando nos campos do senhor*, filme de Hector Babenco, e conhece bem a Amazônia e a cultura brasileira. A artista Federica Matta, que morou no Brasil e fala português, filha do grande surrealista chileno Roberto Matta, é amiga e colaboradora do casal, e publicou com Nahal, entre outras coisas, um livro encantador, *Sur les pas de Rûmi*, para o qual fez belíssimas ilustrações (Matta e Tajadod, 2006).

Quais as mudanças profundas no Irã atual? Como esse povo fascinante conseguirá transformar-se? Por enquanto, aproveitemos todas as pontes para aprofundar o conhecimento dessa atraente tradição da amada terra de Nahal, até agora mais difundida entre nós por meio do cinema.

Bibliografia

TAJADOD, N. *Roumi le brûlé*. Paris: JC Lattès, 2004.

_____. *Passeport à l'iranienne*. Paris: JC Lattès, 2008.

MATTA, F.; TAJADOD, N. *Sur les pas de Rûmi*. Pref. Jean-Claude Carrière. Paris: Albin Michel, 2006.

A raiva e os sonhos dos condenados:
um filme exemplar

Jean-Pierre Krief, experiente realizador de mais de 20 documentários, professor da Universidade de Paris 7, recebeu o Grande Prêmio do Festival Internacional de Cinema da Unesco, em 2002, e fez, em 2005, um filme sobre o julgamento de Saddam Hussein, *História de um processo anunciado*.

Seu filme *A raiva e o sonho dos condenados*, de 2002, um documentário de cerca de uma hora, traz esperança para quem acredita que é possível encontrar um sentido na vida mesmo depois do crime e do horror, e para quem aposta que há meios de mudar o sistema carcerário. É uma lição exemplar para pensar sobre a violência nas prisões, alvo de denúncias corajosas frequentes na imprensa, como a reportagem de Fábio Mazzitelli, "Jovens rezam pelo crime na Febem" (*O Estado de S. Paulo*, 9 abr. 2006) sobre a Febem de Tatuapé.

Seu personagem central é Jimmy Boyle, um renomado escultor e escritor de cerca de 60 anos, que, aos 23, em 1967, foi condenado à prisão perpétua. Criado em Glasgow na mais dura pobreza, é na travessia da Escócia, ao ser levado para a temida prisão de Inverness, que pela pri-

174

meira vez tem a oportunidade de apreciar a beleza da paisagem de seu país – de dentro de um furgão policial. O filme não nos conta sobre os crimes que Jimmy e outros presos-personagens teriam cometido – ele era tido como o mais violento criminoso da época, líder de levantes e protestos na cadeia. Com essa fama, em Inverness, foi enjaulado, completamente nu, numa cela solitária, durante seis anos, recebendo comida no chão por uma portinhola. Suas falas na tela são carregadas de uma emoção desesperada e de um tom espiritual que arrasta os espectadores. Foi reduzido à condição animal, ao nada, evocando, noutra chave, um Kaspar Hauser ou uma besta humana exótica excluída da sociedade e exibida em circos. (As lembranças de Jimmy nos fazem pensar que era visto como um ser monstruoso, como os que eram imaginados na Europa desde a Idade Média, descritos, por exemplo, nos livros do antropólogo Roger Bartra [1997, 1998].) Jimmy conta que seus sentidos, privados de qualquer satisfação, ficavam tão exacerbados que podia aspirar o cigarro que os guardas, andando pelo corredor, guardavam no bolso, ou a cera de seus sapatos, percebia o ranger do tecido de seus uniformes. Outras celas solitárias foram instaladas, contra todas as leis, e Jimmy ouvia os companheiros batendo com a cabeça nas grades, drogados, tentando suicidar-se com lençóis – alguns conseguiam. Ele, no entanto, encontrou forças interiores para manter-se. Tinha sido obrigado a desfazer-se dos hábitos humanos mais elementares, como pôr as mãos no bolso ou sentar-se numa cadeira – precisava descobrir quem era de fato.

Depois desses seis anos, Jimmy teve a sorte de ser transferido para outra prisão, Barlinnie, participando de um programa-piloto carcerário centrado na reabilitação pela arte. A chegada foi um impacto – até então ninguém lhe falava. Mas um guarda o recebeu retirando-lhe as algemas e perguntando: "Você quer chá, Jimmy? Com leite ou com açúcar?", como se ele ainda fosse um ser humano... e a vida pareceu recomeçar, com tão pouco. Jimmy nos diz que a primeira coisa boa que fez na sua vida foi o busto de um colega esculpido em argila, e que experimentou então uma explosão de sentimentos bons, uma liberação, um jorro criativo, que o fez tornar-se para sempre inteiramente outro.

O programa de arte existia em várias outras prisões e outros países. Abarcava todo um conjunto de mudanças carcerárias – quartos individuais para cada preso, mobiliados e decorados como quisessem, portas abertas, estímulo à relação e ao apoio mútuo entre os condenados, diálogo com os carcereiros, exposição das obras de arte, prêmios, intercâmbio com jurados e críticos de arte. Um dos artistas, um preso espanhol, conta que roubara de uma biblioteca um livro de Leonardo, e que, maravilhado, dedicara-se desde então a tentar a mesma qualidade em suas criações. "Se um homem é capaz de tais efeitos, por que não eu?" E ao tomar tintas e pincéis, percebia o quanto lhe faltava. As obras de arte exibidas no filme impressionam, fortíssimas. Esse espanhol, por boa conduta, obteve um indulto – mas foi imediatamente extraditado, e como só podia levar 10 quilos consigo, suas telas, guardadas tão cuidadosamente durante meses ou anos debaixo do colchão, foram deixadas para trás.

O próprio programa de arte de Barlinnie foi interrompido, pois a opinião pública escocesa protestou, afirmando que os criminosos estavam sendo tratados a pão de ló à custa do erário público. No entanto, a taxa de reincidência do crime entre os egressos do programa de Barlinnie havia se tornado mínima, de uns 4%, enquanto a média de reincidência no crime de detentos liberados na Escócia aproxima-se de 60%.

Quanto a Boyle (1977), em 1982 obteve a liberdade condicional, passando a viver como artista e escritor em Edimburgo e na Côte-d'Azur. É autor de uma autobiografia comovente, escrita na prisão.

O que é o mal, o que é a justiça, quais os limites da punição; para que serve o sistema carcerário, se não tiver como objetivo reinserir no convívio social os que cometeram crimes? Um caminho viável explícito no filme é o papel da arte para a redenção e para preservar a dignidade humana, subvertendo o inferno. Uma espécie de *Crime e castigo* em que a Sônia salvadora é a expressão do imaginário em qualquer das formas de criação artística.

A grande parceira e colaboradora de Krief é Christiane Succab-Goldman, nascida em Guadalupe, nas Antilhas, autora de documentários sobre a região, um dos mais instigantes descrevendo um inflamado movimento estudantil na Guiana.

Ela acrescenta à produção de Krief uma reflexão profunda sobre presídios e sobre o crime, até mesmo por sua experiência de vida. Seu primeiro marido, francês militante de esquerda, filho de judeus vítimas do Holocausto, condenado à prisão perpétua por suposto assassinato, foi absolvido depois de anos de encarceramento e de um processo kafkiano. Ele escreveu uma autobiografia, traduzida para o português como *Lembranças obscuras de um judeu polonês nascido na França* (Goldman, 1984). Em 1979, poucos meses depois de ser solto, foi assassinado na rua, deixando Christiane grávida de um filho, que foi Jean-Pierre que criou, como pai verdadeiro, embora não biológico. A sombra da prisão e da voz dos erroneamente inculpados está na obra desse par de cineastas, que não hesitam em iluminar as muitas faces do bem e do mal.

Bibliografia

BARTRA, R. *El salvaje artificial*. México: Era, 1997.

_____. *El salvaje en el espejo*. México: Era, 1998.

BOYLE, J. *A Sense of Freedom*. London: Pan Books, 1977.

GOLDMAN, P. *Lembranças obscuras de um judeu polonês nascido na França*. Trad. Maria Lúcia Autran Dourado. São Paulo: Francisco Alves, 1984.

KRIEF, J.-P. *La rage et les rêves des condamnés*. Paris: KS Visions, 2002.

Mamaé Coragem

Dizem os Suruí Paiter que não é de bom tom irmãos louvarem um ao outro. Talvez julguem que é elogio em boca própria acentuar qualidades fraternas; talvez acreditem em alguma consequência nefasta. Quando alguém insistia nos atrativos e inteligência de meu "irmão" Suruí, eu jamais deveria corroborar, e sim responder, na língua indígena: "É você quem está dizendo!"

Assim, descrever Carmen Junqueira é uma tarefa difícil. Mestra, modelo, companheira. Estudiosa da sociedade, dominando o pensamento de grandes autores, transmitindo a centenas de alunos o legado de Marx, Weber, Malinowski, Godelier, Darcy Ribeiro, Lévi-Strauss, Evans Pritchard, Taylor, Marcel Mauss, Durkheim, Meillassoux e listas bibliográficas intermináveis, tudo o que vale a pena ler, com núcleos temáticos que variam dos problemas agrários e estrutura fundiária brasileira às religiões do mundo, feitiçaria, mitos, amor, sexualidade, colonialismo, economia, raça e racismo, sempre com novidades. Guerreira engajada nas causas sociais e na defesa dos índios; esteio da instituição universitária, abrigo de professores cassados pela ditadura, orientadora exigente e dedicada, investigadora rigorosa com vasto percurso de projetos, presidente de associações como a dos sociólogos, rebelde e opositora de qualquer autoritarismo; autora de belos livros e artigos, em que teoria elaborada, pesquisa e militância aparecem fundidas sem muros estanques; conferencista prolífica, ímpar, sedutora e magnética, imagem de artista na TV e nas entrevistas; desbravadora da floresta e mesmo dos mares, mestre de navegação com diploma e tudo. E assim por diante... seria um tratado.

Sigo, porém, outro caminho, que minha presença assídua junto dela me fez testemunhar. A marca do caráter de Carmen Junqueira é a coragem: não apenas "no trivial do corpo", como diz Guimarães Rosa, mas também nas profundezas.

Um dos meus primeiros encontros com Carmen deu-se em 1971, no Tuca, o teatro da PUC (Pontifícia Universidade Católica de São Paulo), quando ela apresentou o filme de Adrian Cowell sobre o contato da Funai com os Panará, então chamados de Kreen-Akarore ou índios gigantes. Ela denunciava as ameaças ao Parque Indígena do Xingu, prestes a ser cortado por uma rodovia, a BR-80. Afirmava com veemência que se a opinião pública não se manifestasse – era plena ditadura –, os índios logo seriam arqueologia. Soube na hora que ela era a antropóloga que eu queria seguir, destemida e lutadora.

Sua figura era um mimo: mocinha de olhos azuis, com um movimento corporal que nunca mais vi em ninguém, feminino e firme como o de dançarinos da ópera de Pequim, denotando alguém que sabe o que quer e para onde vai. Mulher atraente com qualidades tidas como masculinas. Saltava à vista o seu espírito indômito.

Mais tarde, em 1983, com os Nambiquara e Rikbatsa, observei a mesma agilidade elegante nos mergulhos que ela deu nos rios Juína e Juruena, ambos de águas transparentes, margeados por vegetação intocada. Ela é grande nadadora.

De 1965 a 1971, Carmen dedicou-se aos Kamaiurá, em inúmeras viagens de pesquisa, que resultaram em seu doutoramento em Antropologia. Era preciso coragem para adentrar esse mundo desconhecido – foi sua primeira e imensa experiência com os índios, da qual se saiu muito bem, vencendo fome, saudade, sono, criando com a comunidade laços afetivos que nunca arrefeceram. Os Kamaiurá gostariam que ela ficasse por lá para sempre, casasse se possível, e quando chegasse o momento, fosse homenageada com um Kwarup, o ritual funerário e de renascimento. Não temos pressa.

Em 1968, o marido de Carmen, Abel de Barros Lima, pai de seus filhos, foi preso pela Oban, a Operação Bandeirante da repressão militar, de triste memória. Carmen estava nos Kamaiurá. Podemos imaginar a fibra que exige uma pesquisa nessas condições, sem notícias, com o pensamento no que se passa com os filhos pequenos e com o país atormentado.

Orlando Villas-Bôas e Noel Nutels prometeram que os militares jamais a encontrariam – ela poderia ficar por lá. Mas, embora muito grata, Carmen voltou para a cidade e foi presa por sua vez em 1969. Teve a experiência do medo, e venceu.

Em 1978, Carmen iniciou a pesquisa com os Cinta Larga de Mato Grosso. O acaso e seu perfil levaram-na a essa escolha: o convite partiu de Apoena Meirelles, que se identificava com a tia e o pai esquerdistas, Rosa e Francisco Meirelles, e ao dialogar com seu amigo sertanista Antonio Cotrim, apostou em Carmen como um caminho para uma transformação social e um mundo mais justo, para os índios e para todos.

O panorama regional era sombrio. Os Cinta Larga foram vítimas de genocídio em 1963 por seringalistas de Mato Grosso, no conhecido "massacre do Paralelo 11". Entre os responsáveis, a firma Arruda & Junqueira, de Mato Grosso, o que despertou o brio da nossa heroína e o desejo de lavar a honra do nome bem no local, em Serra Morena. (Mais tarde, nosso colega Rinaldo Arruda faria o mesmo, com belos trabalhos em povos próximos.)

A primeira viagem ao Parque Indígena do Aripuanã, que reunia terras dos Cinta Larga, Suruí Paiter, Zoró e bastante perto, dos Gavião Ikolen e Arara Karo, foi um prenúncio das nuvens trágicas que envolveriam os anos de pesquisa em Rondônia e Mato Grosso. O aviãozinho monomotor, levando-nos em companhia dos indigenistas Apoena Meirelles e Aimoré Cunha da Silva, foi apanhado por uma tempestade e não conseguia descer em Serra Morena nem seguir adiante; um giro nos ares durou uma eternidade, a custo aterrissou. Carmen conversou com as lindas mulheres nuas e acolhedoras: ganhou uma joia, o colar de contas pretas brilhantes de tucumã, que mal conseguia passar para o pescoço, tão pequenas eram as cabeças das moças Cinta Larga.

No ano seguinte, nada atemorizada, lá estava ela para uma permanência prolongada, que foi uma prova de fogo, pois só depois de algumas semanas os Cinta Larga se apaixonaram por ela, num amor duradouro e retribuído. Mas nos dias que se seguiram à chegada, quando a comunicação era difícil porque ela ainda não aprendera a língua tupi-mondé e eles não falavam português, quase houve um ataque dos índios ao posto da Funai. Havia, além de Carmen, apenas o chefe de posto, um funcionário e uma cozinheira. Uma noite, em seu barracão, Carmen acordou com um barulho que lhe pareceu de tambores, como nos relatos ingleses sobre a África colonial. Ao espiar pelas frestas, percebeu que se tratava de uma dança ou ritual guerreiro, com os índios batendo os pés no chão – ali não havia instrumentos de percussão. Como se soube depois, os funcionários, cansados de ver desaparecer rio Aripuanã abaixo as embarcações do posto nas mãos dos índios, haviam trancado a nova voadeira de alumínio. Revoltados, numerosos

Cinta Larga tramavam um ataque. Guerreiros, sempre assaltados por invasores, sabedores dos massacres em toda parte, nada havia aí de extraordinário. Carmen conta que sentiu mais medo que na Oban, certa de que pereceriam. Viu o chefe de posto sair de cuecas – para que os índios não pensassem que estava armado – ensaiando um diálogo de paz... Mais um dia e a morte iminente continuou pairando. Até que o chefe de posto, na esteira dos hábitos da Funai, conseguiu persuadir os índios de que Carmen era uma verdadeira mãe e faria chegar um avião cheio de dons... Foi então que ela começou a tornar-se uma deusa. Como a promessa foi cumprida, não me lembro. Devem ter solicitado brindes na sede da Funai em Riozinho, povoado na enlameada rodovia Cuiabá-Porto Velho, a BR-364. O certo é que em todas as viagens seguintes, ela vinha carregada de "mercadorias", como com razão os objetos a dar eram chamados por todos, índios e sertanistas...

Fosse ela uma iniciante, sem a vasta experiência xinguana, ou fosse menos corajosa, no mínimo seria um fracasso a pesquisa, ou já teria sido homenageada com um Kwarup.

O enfrentamento ousado com a morte deu-se muitas vezes. Noutra viagem aos índios de Serra Morena, com quem se encantara e que a mimavam, Carmen soube da visita de um conhecido personagem Cinta Larga. Pertencia ao mesmo subgrupo Mam dos anfitriões, mas morava noutro lugar. Dizia-se à boca pequena que tinha um caso com alguma moça dali – era mulherengo, algo nada excepcional para esses povos (e para todo mundo!). Carmen foi vê-lo na oca tradicional, deitado na rede. Tocavam flauta, ele e outros, em paz aparente. Mal Carmen voltou para o casebre onde se hospedava, ouviu uma algazarra estranha: homens ofendidos em sua honra entraram na oca e deram várias machadadas no hóspede transgressor. Sabendo que a piedade não voga entre seus parentes, o namorador embrenhou-se no mato.

No dia seguinte, do seu canto de observação, Carmen viu chegar um homem de terno marrom. O tecido era o sangue escuro recobrindo o fujão, que um amigo conseguira resgatar da floresta. O chefe de posto e Carmen levaram-no para a precária enfermaria, examinando e lavando as feridas e cortes profundos na cabeça, no rosto e sobretudo nas costas, com sangramento copioso.

O chefe de posto – era outro, não o esperto da primeira viagem – tinha suas qualidades, apesar de ideias bizarras. (Queria, por exemplo, asfaltar a vereda da aldeia à roça, para facilitar a vida em plena selva amazônica perdida na distância...) Fazia parte de seu currículo ter funções em filmagens, que lhe proporcionaram observar numerosas cirurgias. Ele e Carmen, filha de médico, foram costurando o mutilado. Carmen dirigia. Usaram linha e agulha de costura de roupa, como anestésico apenas pomada de xilocaína; durante cinco horas fizeram sua primeira sutura na vida, sem que o bravo remendado desse um pio de dor. Deitaram-no numa rede, deram-lhe antibiótico. No final da tarde, alguns Cinta Larga amigos de Carmen vieram avisá-la para afastar-se, que à noite o matariam. Ela não hesitou: postou-se na salinha cuja janela era a única passagem para o convalescente e proclamou: "só o matam em cima de meu cadáver".

Ninguém ousou: ela mete medo, e o apaniguado foi sarando.

O chefe de posto, assustado com o quadro clínico do guerreiro mulherengo, mandou chamar um avião para levá-lo à cidade. Era raro conseguir um transporte: mas por milagre, o socorro chegou. Surpresa: o paciente, ao ver que ainda estava entre os vivos e talvez sem vontade de afastar-se da causa feminina da confusão, recusou-se a partir! O chefe de posto, irritadíssimo, ameaçou não cuidar mais dele: aí errou em cheio. Todos passaram a defender o atacado e a atacar o funcionário, prometendo flechadas. Apavorado, quem acabou indo embora, dias depois, a conselho da própria Carmen, foi o chefe de posto, enquanto ela continuou impávida navegando em meio ao humor mutante do povo amado.

183

Vale a pena lembrar que o homem que ela salvou foi provavelmente quem, em outra ocasião, retalhou e enterrou viva a própria mulher, acusada de adultério. Felizmente, algumas horas depois, alguém percebeu sinais vitais e tirou-a da cova. Até hoje ela está viva e bem, com outro marido.

Os Cinta Larga devem a Carmen o reconhecimento completo e oficial, com registro em cartório e no Serviço de Patrimônio da União, como deve ser, de uma das terras cinta larga do Aripuanã, de nome Terra Indígena Aripuanã. Foi ela quem fez para o governo o estudo antropológico-científico para a demarcação, com auxílio de uma indigenista que viveu muito com o povo do lugar, Maria Inês Hargreaves.

Em uma das viagens, em 1984, sozinha com o piloto Newton – um grande amigo, que trazia nossas grandes cerâmicas para São Paulo, em casa de quem nos hospedávamos, em Pimenta Bueno –, ela fez um voo para investigar um garimpo de ouro invasor das terras cinta larga. Esqueceu de levar bolsa, dinheiro, água, pois seria apenas uma passagem de reconhecimento. Era um domingo, e assim que chegaram, uma multidão de homens ociosos, cem garimpeiros que há meses não viam mulher, cercaram o aviãozinho. Haviam escondido as armas no mato, com medo de que se tratasse da polícia. Cerveja e bebedeira eram gerais. Morta de sede, não havia como comprar nem sequer um refrigerante. Todos perguntavam o que ela viera fazer ali. Ela explicou que era escritora, artista, tudo menos alguém contrário à mineração em terra indígena, nossa bandeira maior dessa época. E assim que houve uma brecha, o piloto e ela alçaram voo. Mas uma asa estava rachada! Escaparam por milagre.

O que não foi, infelizmente, o caso de nosso amigo. Ao fazer um voo para fregueses desconhecidos – era seu trabalho –, sumiu na Bolívia, provavelmente assassinado por traficantes. Esse era bem o clima da pesquisa a que Carmen tanto se dedicou. Ela poderia desfiar os casos de amigos assassinados, vítimas de violência de todo tipo.

Muitos outros capítulos de valentia fazem parte da construção do pensamento dessa antropóloga original que é Carmen Junqueira, e seria possível continuar por muitas páginas, mas o que foi dito deve ser suficiente para retratar sua intrepidez.

Peço desculpas a Carmen pela inconfidência e imprecisões dessas notas. Que contribuam para que ela corrija e reconte a verdadeira versão, desses e de outros episódios, com detalhes e arte só dela.

Observemos que Mamaé é um ser mítico que só os Kamaiurá ou Carmen sabem explicar. O título "Mamaé Coragem" é uma brincadeira com a alcunha de Mamãe, dada a Carmen pelos Cinta Larga. Nossa heroína não tem semelhança com a Mãe Coragem do escritor Grimmelshausen, autor de *Simplicius Simplicissimus*, do século XVII, nem com a peça de Brecht.

Com dois bispos:
D. Pedro Casaldáliga e D. Tomás Balduíno

Era o primeiro curso sobre a problemática indígena, promovido pelo Cimi (Conselho Indigenista Missionário), em parceria com a Universidade Católica de Goiás, em Goiânia, em 1976. O Cimi, com 4 anos de existência, tornara-se famoso defensor dos povos indígenas contra o colonialismo, o latifúndio e a ditadura.[1]

Dezenas de povos indígenas estavam representados, em uma profusão de línguas, culturas, situações. Carmen Junqueira fora convidada, embora seu nome não conste de registros, nem ela os tenha. Levara-me consigo, sua doutoranda, sem nenhuma experiência de convívio com indígenas.

Foi um impacto ouvir a miríade de nomes dos povos, em línguas então estranhas, que a maioria dos brasileiros não sabia serem nossas. As reuniões gerais eram subdivididas em grupos: sentados em círculo em bancos de madeira, à sombra de árvores generosas, expunham, cada pessoa por vez, sua situação, as ameaças e violências sofridas, a luta pela terra, as tradições e os rituais, a sobrevivência econômica, a saúde, a política interna e os destinos individuais. Personagens fortes, mulheres e homens heroicos, da floresta, do cerrado, da periferia urbana, dotados de sofisticada expressão verbal, mesmo quando através de tradutores. Cada núcleo menor escolhia um porta-voz que transmitisse o conteúdo quando todos os participantes voltassem a se encontrar em um fórum único, ao final do dia.

Na PUC-SP, alguns pós-graduandos privilegiados, ao acompanhar Cândido Procópio Ferreira de Camargo (professor de Sociologia daquela universidade e um dos fundadores do Centro Brasileiro de Análise e Planejamento, Cebrap) aos encontros das comunidades eclesiais de base, em bairros como São Mateus, tinham familiaridade com essa metodologia da teoria da libertação. A Igreja queria dar voz ao povo, fazer chegar ao palco público os anseios e dramas dos humildes, não apenas como uma força conjunta, mas também com o pensamento de cada cabeça. Novidade no caso de indígenas, nem sequer considerados cidadãos pelo governo militar, proibidos nessa época de viajarem e se pronunciarem com liberdade.

No alentado encontro indígena em Goiás, se a forma de organizar parecia democrática, por outro lado os numerosos depoimentos tinham que ser curtos; nem sempre permitiam construir com a adequada profundidade um quadro fiel da vida indígena. Ignorante, eu resumia e registrava, conversando com quem tivesse disposição – e todo mundo queria falar. Eu nunca imaginara que veria ao vivo tantos países brasileiros, a explorar em viagens, a descobrir aqui mesmo, voraz e curiosa.

O dia começava cedíssimo, com sinos e horários para o café da manhã, sacudindo as duas dorminhocas.

E foi à noite o grande acontecimento. Fomos entrando ao acaso e nos acomodando sem pensar muito. Mal acabamos de sentar, a luz apagou – a habitual falta de energia na região. Trevas curtas, acenderam-se as lâmpadas. Olhei em volta, para cumprimentar o meu vizinho de carteira; e quase desmaiei de emoção! Era D. Pedro Casaldáliga, magro, o nariz aquilino, cabelos lisos e esbranquiçados, os "olhos sacis",[2] como diria Guimarães Rosa, abrindo-se para mim em sorriso e simpatia, sem se dar conta do meu encantamento e da timidez de quem quase abraça um grande herói, um santo, um guerreiro. Mesmo desconhecendo quem eram os índios, eu já sabia de sua fama e coragem. Fora um dos fundadores do Cimi, de criação recente.

Quando as formalidades se extinguiram e as prosas soltas começaram, Carmen e ele entabularam diálogo sem fim, ao qual se juntou o outro grande bispo presente: D. Tomás Balduíno, cofundador do Cimi e criador da CPT (Comissão Pastoral da Terra), esta em 1975. Os dois se agasalharam de imediato no manto sedutor da alegria de Carmen, em sua sede de justiça, em seu fascínio feminino; a batalhadora passional, a libertária destemida, a grande amiga e conhecedora dos Kamaiurá do Xingu. Formaram um trio divertido. Passaram a sentar juntos às refeições, a conversar nos intervalos. Como seria essa nova hierarquia da Igreja? A mim, de todo ignara, a aproximação pelas ideias parecia natural, nem eu me espantava que Carmen não fosse religiosa...

Carmen brincava que ia me batizar – eu estava entrando no mundo indígena pela Igreja católica. Tentou o batismo, em vez de água, com um uísque clandestino trazido na bagagem; o que, mesmo incompreendida, e apesar de ser brincadeira, recusei com veemência, com o forte sentimento de que trairia os meus e seu sofrimento histórico, se aceitasse.

Num dos almoços, ouvi os dois bispos brincando com Carmen e afirmando que ambos gostariam, não fossem os graves impedimentos, de se casar com ela. Teriam que disputar a primazia. Eram risadas deliciosas.

A escuridão e os cortes da eletricidade não foram o único percalço da organização dos nossos afáveis anfitriões. Muito pior, logo faltou água.

Acontece que D. Pedro tinha aposentos especiais, uma espécie de apartamento com banheiro, no qual água não faltava. Gentil, ofereceu a Carmen um banho em seus domínios. Ela foi, levando seus apetrechos e muda de roupa. D. Pedro fechou a porta de sua sala – talvez para impedir que entrassem os que ficavam do lado de fora, pois todos, ao menos eu, invejávamos a graça concedida – e enquanto ela deixava escorrer o chuveiro, ele assobiava o tempo todo, provando que apenas honrava a hospedagem e esperava que ela terminasse.

Em São Paulo, contei a gloriosa corte espiritual de que ela fora objeto e fui inepta: provoquei crises de ciúme em um senhor que ouviu.

Mais adiante, em companhia do deputado Modesto da Silveira, visitei D. Tomás Balduíno em Goiás, como parte da luta pelos direitos indígenas, e cresceu minha admiração por esse bispo excepcional e por sua trajetória. Bem mais tarde, no começo dos anos 1990, acompanhei o admirável trabalho da CPT do Pará, com seus padres combativos, sempre ameaçados de morte, alguns casados, todos pobres. Duas instituições fundamentais até hoje, Cimi e CPT, que vimos em seus primeiros anos de atuação, e que nos tempos atuais enfrentam desafios ainda mais gigantescos e aterrorizantes.

Notas

[1] Sobre os conflitos na Amazônia durante a ditadura militar, veja-se Shelton Davis, *Vítimas do milagre*, Rio de Janeiro, Zahar, 1978, e Pedro Casaldáliga, *Carta Pastoral: uma igreja da Amazônia em conflito com o latifúndio e a marginalização social*, Mato Grosso, 1971. Agradeço a Benedito Prezia pelas informações sobre a data do encontro do Cimi em 1976.

Uma excelente descrição do trabalho do Cimi nas primeiras décadas é a de Rubens Valente, *Os fuzis e as flechas*, São Paulo, Companhia das Letras, 2017.

[2] "Devia de ter outros significados o rir, em seus olhos sacis.", João Guimarães Rosa, "Substância", em *Primeiras estórias*, 8. ed., Rio de Janeiro, José Olympio, 1976, p. 138.

Aula magna de Pedro Arara Karo

Os depoimentos de Pedro Agamenon, de seu irmão Manuel e de outros parentes são um retrato eloquente do destino dos Arara Karo num Brasil contemporâneo, desde meados do século xx até hoje.[1] Exemplo da formação do povo brasileiro, no país que expulsa os donos da terra originários, altivos, e deles faz trabalhadores subalternos; mas também da persistência das raízes, da língua e da alegria de pertencer a uma vasta família e a um perfil cultural único, a um povo, enfim, que não é apenas brasileiro.

Líder marcante, Pedro Agamenon dá uma aula magna, em 13 de maio de 2002, na escola da aldeia Pãigap dos Arara, na Terra Indígena Lurdes, Rondônia, terra demarcada que os Arara Karo compartilham com o povo Gavião Ikolen. O público é composto por professores indígenas, seus alunos, adultos curiosos, educadoras da Seduc (Secretaria de Educação) de Rondônia. Pedro dirige-se a mim com frequência, pois sou a professora visitante que solicitou sua presença e registrou sua fala. Pedro cresceu longe da terra e da comunidade Arara, sem nem sequer saber que era índio ou falar a língua indígena. Só adulto desco-

190

briu os seus e tornou-se para eles um defensor indispensável. Teve que reaprender como viviam, tentou ativar a memória da língua. Presenciou tragédias como a dos Cinta Larga, sempre acusados de violência, quando eles é que sofreram massacres de crueldade requintada, o mais famoso o de 1963, conhecido como o Massacre do Paralelo 11.

Seu irmão Manuel, pajé, secunda-o como expositor, apenas na língua indígena, que pertence ao tronco tupi e à família rama-rama. Exibe uma imensa cicatriz, resultado de um embate com uma onça, que o atacou quando era menino, pouco depois da morte do pai de ambos. O ataque partira da alma do pai em forma de fera, explica, convocando-o a se tornar pajé.

Outros Arara relatam como foram trocados por uma peça de roupa; como suportaram ataques de povos hostis, hoje seus amigos; como foram dados, crianças, a famílias da cidade, para virar agregados semiescravos, sem acesso à própria tradição nem à instrução cidadã.

Apesar dos traumas, atravessaram décadas sem ser triturados, e aí estão explicando o que é ser pajé, narrando episódios de aparições, almas, fantasmas, adquirindo habilidades como professores bilíngues, rindo, brincando, exibindo um temperamento que sempre foi de paz, pouco belicoso.

Em 2004, dois anos depois, a bela conferência de Pedro, transcrita sem qualquer edição, foi lida em classe no Projeto Açaí de formação educacional por 40 professores indígenas de povos de língua tupi-mondé, além dos Arara Karo. Mesmo na longa versão, provocou um interesse maior que o de qualquer outro texto, literário ou de história. A classe lia em silêncio, sem pausas, suspensa ao enredo, reconhecendo sua história na de Pedro Arara.

Primeiros contatos dos Arara Karo com os invasores

Os Arara Karo em Rondônia, nos anos 1940, é que foram os primeiros a admitir o contato com seringalistas invasores, antes mesmo dos Gavião Ikolen. O seringalista que consideravam amigo e pai, pois a princípio não se davam conta das consequências da relação nascente de patronato e barracão, foi José Bezerra de Barros, dono do seringal Santa Maria. De aproximadamente 1953 em diante, um Arara e um Gavião moraram três anos com ele.[2] Os Arara trabalharam também para o seringal Eduardo Barroso (vendido depois, segundo afirmam, à empresa Triangulina, e em seguida a Mario Piloto) e para um terceiro, o de Firmino e Miúda, de nome N. S. da Penha, na beira do rio Machado, perto do igarapé Lurdes.

No final da década de 1950, o capataz ou seringalista Pedro Lira, no rio Urupá, seringal tapirema, planejou matar os índios, para roubar-lhes as terras. Os Arara ouviram um boato e fugiram para o seringal da Penha e para o de Santa Maria. Essa expulsão deve ter ocorrido pouco depois de um lamentável ataque dos Gavião Ikolen aos Arara em 1959. Veremos que Pedro se refere a uma matança feita pelos Gavião (sabe-se que houve sete mortos), mas a que provocou seu exílio foi essa outra ameaça de seringalistas.

Início do contato Arara Karo com os Ikolen

O primeiro contato dos Arara com os Gavião Ikolen é relatado por Digüt Ikolen, no livro *Couro dos espíritos*, expressando bem o susto, as visitas mútuas às aldeias, o encantamento das mulheres com os índios estrangeiros. Os Arara, que haviam feito o contato com o seringalista Barros, é que apresentaram a ele os Gavião Ikolen. Digüt relata essa primeira viagem no mesmo livro. Os Gavião apanharam gripe no barracão, e alguns dos seus morreram ao voltar para a aldeia. Em represália, os Gavião atacaram o seringal e feriram dois seringueiros. Barros indispôs-se com os Arara, julgando-os aliados dos atacantes, mas fizeram as pazes. Quanto aos Gavião, ficaram um bom período sem aparecer no seringal. Tudo isso deve ter sido nos anos 1950, como nos conta Digüt.

A palavra com Pedro Agamenon

Na época em que meu pai nasceu, não existiam os "brancos",[3] ninguém falava deles, nem existia SPI (Serviço de Proteção aos Índios). Não sei dizer que tempos eram, que ano, nem quando eu nasci. Eu me formei fora dos Arara, acompanhado de minha mãe e três irmãos. Eu não lembrava de nada. Nem falava a língua, esqueci. Como ia recordar a nossa vida?

O que vou passar para você é o que eu penso, é a verdade, mas é o que aprendi depois, pois como ia saber sem conhecer meu povo? Eu não sabia de nada, porque o branco pegou a gente e levou, criou para lá, nós nem sabíamos se existia parente da gente. Porque é como eu estava dizendo para você, naquela época diziam para o índio: "dá seu filho para mim", o índio dava, nem o índio sabia, nem dava valor. A nossa história, analisando bem, é muito triste, depois do contato com os brancos. É até muito difícil contar. Não foi quando apareceu o SPI que os Arara passaram a trabalhar nos seringais, foi muito antes, os Arara já vinham sofrendo. A nossa terra é aqui, nós Arara não viemos de fora, mas quem chegava dizia que a terra não era nossa, que a gente vinha de longe, e falavam, "eu não tenho terra, vou pegar o índio para trabalhar, vai servir de peão". E ficavam na terra. No seringal, era viver só para comer, era muito duro. Depois que o SPI veio melhorou, foi mudando. Eles podiam explicar bem como foi, como é que os Arara perderam muitas terras aqui. O branco fala que o índio está acabando, está sumindo, mas os que vieram de fora sabiam muito bem que eles é que estavam de propósito dando um fim nos índios.

Essa área nossa é grande, tudo isso em volta é nosso. Os parentes nos contam, nós não viemos de fora, nosso povo vivia aqui, nós temos cemitério aqui mesmo, em Nova Colina, essa cidade de hoje, tudo por aqui era nosso.

Da Fazenda Catuba para cá, eram os Arara que comandavam, até no igarapé Água Azul. Da Serra da Providência para lá era dos Gavião

Ikolen. Não tinha esses dois povos juntos como hoje na Terra Indígena Lurdes. As terras dos Gavião eram para lá. Com o ataque dos fazendeiros, com a invasão de seringalistas e seringueiros, os Ikolen foram correndo, fugiram, perderam as terras. Nosso povo, para que os Ikolen não morressem, eu não sei, nesse ponto eu não sei explicar para vocês, não sei como eles aceitaram os Gavião Ikolen vivendo junto na terra dos Arara. Naturalmente para não ver matarem todos, penso assim. Desses tempos para cá, antes de ter contato, os Gavião guerrearam com nosso povo. Eu acho que nesse tempo não sei se eu já tinha nascido, no tempo em que meu pai fez contato com os brancos. Quem teve contato primeiro com os brancos não foi Gavião, foi Arara, eu não sei se eles, os Ikolen de lá, falaram para você.

Meu pai está enterrado ali, no Riachuelo, dentro daquela fazenda do Mário Piloto, mãe contou para mim. Essa fazenda antes era o seringal do Eduardo Barroso. Minha mãe disse que eu nasci aqui no Setembrino, onde bem mais tarde a Funai fez pista de pouso, diz que eu nasci ali. No tempo de meu pai e minha mãe, não existia branco, ninguém nem falava em branco, nosso povo ia para a beira do rio, matava peixe de flecha, na beira do rio Machado, ninguém falava em branco. Manuel, meu irmão, mais velho que eu, nasceu noutra aldeia. Acho que depois que meu pai teve contato com branco foi que eu nasci. Minha história sofrida, como eu estou contando, é que eu não sabia de nada, porque se eu tivesse nascido aqui dentro das nossas terras, eu ia saber e ter lembrança de como se deu meu nascimento, o contato com os de fora, tudo.

Contato

Os Arara viram os brancos vestidos, foram lá; então ajuntou, meu pai, outro tio, pai do meu pai, para ter contato com o seringal do fi-

nado Barros. Foram, depois é que os Gavião vieram fazer visita aos Arara. Depois que meu pai fez amizade com os brancos, aumentou o sofrimento do povo Arara, viram começar a morrer os parentes, viram abrir os seringais – os de fora achavam que eram os donos das terras dos índios, achavam melhor matar os índios, acabar conosco, assim iam poder ficar com tudo. É uma história muito difícil de contar.

Quem podia contar a realidade para você é o nosso povo mais antigo, porque eu nem sabia. Só depois, homem feito, é que eu voltei e conheci minha aldeia. Todo mundo ficou admirado: "eu não sei como você veio de novo, porque você nasceu e saiu daqui pequeno!" Eu não lembrava mais que existia parente, nem minha mãe contava para mim. Para ela todos tinham sido mortos, dizia que não sobrou ninguém, não lembrava de contar que ainda existia o nosso povo em algum lugar. Os Gavião tinham atacado, mataram, ela contava só isso. Ela não falava que escapou fulano, que ficou lá.

Morte do pai e saída do povo Arara

Meu pai estava trabalhando no seringal do Mário Piloto – naquela época era o Barroso o dono. Alguém falou para os seringueiros, vamos acabar com os índios todos. Nesse tempo os índios não tinham apoio, não dava para pedir socorro a ninguém, não existia nem SPI. Minha mãe ouviu os seringueiros dizerem: "Vamos acabar com os índios, nós ficamos com tudo, com as terras". Meu pai já estava muito doente. Ali mesmo onde meu pai está enterrado, como eu contei para você, minha mãe ouviu dizer que iam acabar conosco. Os seringueiros todos se ajuntaram, minha mãe contou, vieram de todas as colocações, foram chamados para o barracão. Os Arara trabalhavam no meio deles, entendiam tudo que falavam. Minha mãe tirou meu pai de noitezinha, ele nem conseguia andar, fizeram rabo de jacu para carregar ele, mas não aguentou, quando foi de noite ele faleceu. Só ela e o cunhado que meu pai tinha, irmão dela, é que estavam junto para carregar.

Esse pedaço eu vou contar. Foi assim. Quando eu já estava nascido, meu pai adoeceu, naquele seringal, nessa fazenda que está passando aqui por dentro. Eu não gosto nem de passar naquele lugar, porque depois que minha mãe me contou que meu pai está enterrado lá, no Mário Piloto, que antes era o Barroso, eu não gosto mais de andar lá dentro. Às vezes pode ser que a gente esteja passando até por cima do cemitério, vai lá saber, o que não fizeram com os ossos do meu pai? Eu fico triste até hoje... Não conheci meu pai, mas pai é pai. Nem que não conheço, mas considero. É o que eu sinto até hoje. Porque a gente perdeu as terras, perdemos para fazendeiro!

Quando meu pai morreu, era na maloca, não foi no seringal. Ele saiu da maloca para não morrer, porque o branco já estava pronto, junto da gente, para matar, é o que tinham ouvido. Minha mãe e o irmão pegaram meu pai de noitezinha, para ninguém ver, levaram para o mato, mas ele não resistiu. Ali tudo era mata, pelo que minha mãe contava.

Se eu soubesse a história, eu contava. O que eu estou contando é o que minha mãe contou. Minha mãe foi para a beira do rio, depois que meu pai morreu, ela ficou comendo castanha com a gente lá no mato, comendo quase nada, porque não podia ir para o seringal com medo do branco nos matar. Ficamos, eu também junto, menino pequeno, fomos para a beira do rio. Vinha motor subindo, motor encostou, era o finado Joacir, que já foi morto também. Era gerente, era pistoleiro do finado Barros, esse seringalista que nos criou, nós Arara. Foi ele que pegou e nos levou para Pimenta. Eu, meu irmão Manuel, o outro meu irmão que morreu no ano passado, mais um irmão e minha mãe.

Joacir nos levou para o outro lado do rio, mas já estava de saída para Pimenta (Bueno) e disse: "Vocês não podem ficar aí jogados, de repente seringalista vem e mata vocês todos, então vou levar vocês". Conversou com minha mãe, diz que então nos levou. O cunhado do meu pai, que estava junto, ele foi, mas parece que ficou no seringal Santa Maria, não seguiu junto.

Joacir foi para Pimenta conosco. Os quatro acabamos de nos criar por lá. Ficamos trabalhando, cuidando das coisas. Eles estavam grandes, os dois irmãos que já morreram, trabalhavam, cortavam seringa, cortavam borracha para poder vender para comprar as coisas para a gente, com medo. A gente foi crescendo, tem aquele ditado que o branco fala, o pescoço já aguentava pancada.

Eu, assim que me tornei rapaz crescido, eu digo não, já que é assim, que nós já estamos sofrendo até agora, então vamos ficar por conta que a gente ganha mais. Eu comecei a conversar com os brancos, explicando a situação. Joacir, o patrão, era bom, mas a mulher dele era muito ruim conosco. Eu falei, já chega de padecer, vamos trabalhar, tem tanto branco aí, acho que nós aguentamos pancada demais. Para ser escravo depois de grande, falei, nós vamos nos virar. Largamos, ele morreu, ela não dava certo conosco, ela ficou com medo, porque ele tinha muita coisa, esse finado Joacir tinha muito gado, muita terra. O que ela fez conosco, ficou com medo que nós tomássemos tudo que ela tinha. Ela pensou, eles são muitos, vão tomar tudo do velho, vão me deixar sem... Mas foi muito engano, nós estávamos prontos para ajudá-la. Se ela deixasse, nós iríamos melhorar a situação dela e a nossa também, nós vivíamos até hoje por lá. Isso foi antes do SPI.[4] "A gente ficar preso, sem direito a nada", então falei, "vamos cair fora. Vamos trabalhar por conta própria, vamos ter mais lucro". Manuel foi para um canto, eu fui para outro, depois todos os três chegávamos juntos, sempre minha mãe me acompanhava, onde eu ia minha mãe acompanhava junto.

Nós começamos a trabalhar de empreita, no Riozinho.

SPI apareceu quando eu estava trabalhando com os brancos. Fazia roça, pegava empreita de arroz. Fiquei um tempão no Riozinho. Cacoal não tinha cidade, tudo era mato, ninguém nem falava em cidade, você não via pista de avião, não tinha casa, só tinha casa na beira do Riozinho, onde é hoje a associação dos Suruí Paiter e dos Cinta Larga, umas casinhas, e assim mesmo era do seringalista. A gente começou a lutar, foi o tempo em que o SPI veio, dizendo "vocês têm parentes!". Não explicaram que jeito eram os parentes, sem explicar quem eram, a gente não ia chegar perto para conhecer.

Minha mãe sabia, mas não contava, acho que ela tinha medo de falar e o branco nos matar, acho que ela tinha essa cisma. Ela falava em português comigo. Meu irmão Manuel diz que eu não falava a língua, mãe e os irmãos falavam comigo, mas eu não respondia, não aprendia, me recusava a falar. Manuel e os outros dois, todos mais velhos que eu, falavam com mamãe.

Nós três trabalhávamos, depois eu estava aqui na Vista Alegre na labuta, quando o SPI foi atrás de mim para me buscar. Vieram, conversaram com um cearense que eu trabalhava com ele. "Nós viemos atrás do índio, diz que tem um índio Arara aqui, perdido..." Fiquei lá um tempão, eu não ia para lá não, vou ficar aqui, ganhando meu dinheirinho...

Quase todo dia vinham lá, porque fizeram o acampamento do SPI no Riozinho. O primeiro contato foi com Suruí, já fizeram a sede ali, do SPI, quase todo fim de semana iam para lá. Era o Apoena e o pai, o Chico Meireles. Quando eu fui para o Riozinho de novo, os Suruí estavam começando a entrar em contato. Fui contratado como caçador para a expedição de contato... Fiquei uns tempos. Passei uns quatro meses trabalhando como caçador. Nunca vi Suruí nesse tempo, mas sempre via quando vinham no Riozinho bagunçar.

Fiquei caçando para os funcionários da Funai. No posto que abrem para contato tem que ter muita gente, porque os índios de repente atacam mesmo, os Suruí não eram brinquedo, eram perigosos, até hoje são perigosos, mesmo depois de mansos. Depois desses quatro meses eu fui para o Rio Roosevelt, o posto da Funai na terra dos Cinta Larga. Eram Zé Bel e Apoena os chefes da Funai. Eles ficaram um mês na cidade, me largaram lá sem nada, com dez índios Cinta Larga. A munição, eles me deixaram. Fiquei um mês, sozinho e Deus, vendo a água correr. Os índios, tinha aqueles índios, o Maloqueiro, o Baiano, falaram "vamos embora para a maloca, a Funai jogou você fora". Eu digo "não, se é para ir embora, eu vou me embora para Riozinho, não vou não". "Ah, você está

198

com medo de nós matarmos você, nós não vamos matar, não... Você é índio também." "Não, não é medo de morrer. É que me deixaram aqui como chefe de posto, estou assumindo cargo de chefe de posto. Não posso abandonar esse posto enquanto a Funai não vier." Eu vou contar o que eu passei. Eu cheguei a tomar mingau de abóbora junto com os índios para não morrer de fome. Eles iam no mato e traziam para mim, matavam caça, tiravam o couro, penduravam. "Nós matamos bichos, está ali seu pedaço..." Eles foram muito bons, eram perigosos, mas eu estava lá. Para ir para Riozinho tinha que gastar um mês. Para subir tinha que ir agarrando nos paus. Eu voltei em animal. Naquele tempo não tinha pista de pouso, eu ajudei a abrir a pista.

Fui lá como braçal. Da primeira vez, fiquei seis meses no Roosevelt, com os Cinta Larga, sem ir na cidade, comendo paçoca de milho, milho torrado. O pessoal do SPI não me deixou nada. Tinha que comer o que os Cinta Larga me dessem, não sendo veneno... Quando o outro chefe de posto saiu, foi firme com eles, explicou que eu ia ficar como chefe de posto, no lugar dele, tinham que respeitar. Maloqueiro já entendia um pouco de português. Avisou que ninguém podia fazer nada comigo, eu era do SPI, eles me trataram bem, até hoje sinto por eles, nessa luta que estão aí no garimpo...

Sobre a morte de Possidônio e Acrísio e a busca da mãe[5]

Minha mãe ficou em Riozinho, enquanto fui para o Roosevelt. Só depois é que minha mãe foi para lá no tempo da morte do Possidônio e do Acrísio. Ela estava lá, viu quando os Cinta Larga mataram. Diz ela que passou muito medo quando os índios mataram os dois. Eu, nessa hora, estava em Porto Velho, fui passar dois meses.

Disseram, "tua mãe vai ficar aqui no Roosevelt para cozinhar para nós, você vai para Porto Velho, recebe seus dinheiros, descansa um pouco, compra a roupa que precisa e você volta". Só que aí fiquei um mês em Porto Velho...

Em Porto Velho, passaram um rádio para nós, "Os Cinta Larga mataram dois homens do posto". Eu estava lá quando Apoena ligou para mim: "Ói, tua mãe! Cinta Larga acabou com todo mundo, não tem mais nada...". Corri para lá, tinha que ir, porque minha mãe estava lá! Por isso voltei para o Roosevelt. Ajudei a procurar, quem achou o corpo do Possidônio fui eu. Falaram para mim, "tua mãe já está morta". Eu digo, "se mataram minha mãe, eu tenho que ir na aldeia para me matarem também". Fui embora para o mato de novo. Fiquei um mês, só depois que ela apareceu vim embora com ela. Ela sempre ficava mais comigo que com meus irmãos; era mais agarrada comigo. Se eu sofria, ela estava junto comigo.

Se for contar tudo o que o Cinta Larga passou... esteve perto de se acabar, o Cinta Larga. Não soltaram bomba nos Cinta Larga porque minha mãe estava lá. Eu digo porque eu vi, não foi contado para mim, eu estava lá, eu acompanhei a batalha, eu acompanhei a luta dos Cinta Larga todinha... O que o Cinta Larga passou... o Cinta Larga hoje não estava garimpando aí não; hoje estava todo mundo debaixo do chão. Eu conversei com Apoena, eu digo, não, falei para o Apoena, eu não estou duvidando de você, eu só peço uma coisa para você, como palavra de homem, eu dou um prazo de um mês, se minha mãe não aparecer vocês podem fazer o que vocês quiserem com esses índios. Se minha mãe não aparecer no prazo de um mês aqui no posto, vocês podem fazer o que quiserem, podem queimar, tocar fogo. Dei um prazo de um mês, ele me obedeceu.[6]

Aqueles dois homens do posto morreram lá no Roosevelt. Eu estou falando porque vi, acompanhei, ajudei a fazer o enterro. Acrísio ninguém achou, porque o que minha mãe falou é que partiram o bucho dele, jogaram uma pedra dentro, por isso ele não boiou. Ela era cozinheira. Era minha mãe. Eles mataram Acrísio de machado. Cinta Larga quando ele está com raiva do branco, ele não mata de flecha, ele mete o machado em você, facão, o que ele achar. Cinta Larga era difícil. Diz que foram os próprios comboieiros que falaram para os índios matarem. Muitos

200

índios já sabiam um pouco de português, porque tinha garimpeiro ali. Muitos índios que viviam ali no posto já sabiam o que o branco estava falando. Tinham há muito tempo contato com o garimpeiro. Tudo que passasse eles sabiam. O Baiano, outro empregado do posto, mataram ele depois que eu saí de lá. Foi ele que veio com a armação dele, fez a cabeça dos índios para matarem os dois moços.

O Possidônio acabaram de matar de manhã. Ele se escondeu, mas a pessoa depois que leva a pancada na cabeça não tem mais aquela ação. Ele ficou no toco de um pau, na entrada tinha a picada que leva para Riozinho, amanheceu ele estava só... em vez de ter corrido. Numa hora dessas a pessoa não estava nem ligando.

Andamos dois dias de barco para achar o corpo dos dois, para ver se achávamos minha mãe também. Achamos o Possidônio... achamos porque foi matado de dia, deram três flechadas, dois tiros, cabeça dele você pegava parecia milho no papo da galinha. Ficou todo moído.

Com minha mãe foi assim que aconteceu. A mãe do Maloqueiro pegou ela, e disse, não fica com medo que nós não vamos te matar. Minha mãe estava chorando. "Não fica com medo..." – ficou segurando minha mãe. Com ela, estava segura, com a mãe do Maloqueiro. Roberto Carlos, naquele tempo era moleção, era mais magro, falou "ninguém vai fazer nada com você não, ninguém vai matar você". Roberto Carlos pegou e levou para a aldeia dele, que fica a cinco dias de viagem, a aldeia mais perto.

No dia em que eu cheguei, andei o dia todinho, daqui acolá você via munição, charque, eles iam largando aquelas comidas, mataram até uma burrinha que nós tínhamos de caçar, longe assim, comeram o fígado da burrinha. História minha, que eu passei no meio desses parentes.

Roberto Carlos todo dia falava para ela, "seu filho voltou, está aí no posto, ele não está mais na cidade". Quando completou um mês, ele chegou com ela.

Eram umas quatro e meia para cinco horas quando ele gritou lá do outro lado. Era muita gente ali, nessas coisas tem que ter muito peão...

Fiquei uma semana lá e vim embora para o Riozinho. Depois, não sei se você se lembra do finado Brígido, foi chefe de posto no Roosevelt, também no Lurdes dos Ikolen, falou para mim: "Você tem seus irmãos, seus parentes..." Eu falava, não sei se tenho parentes... Tem... Acho que ele sabia, perguntava para meus irmãos, os próprios índios falavam para ele que tinha nós no meio, eles descobriram. Quando terminamos todo o trabalho, falei, vamos embora para o Riozinho. Minha mãe estava muito doente, com dor de dente. Quando eu estava no Riozinho, sr. Brígido conversou comigo. Ele morava no Riozinho com a mulher, D. Bela. Os parentes queriam me ver, se eu não quisesse morar, os parentes queriam que ao menos eu fosse passear...

Voltei para a aldeia Arara, estou contente de estar no meio do meu povo, sofri muito, mas a gente sempre está na mesma luta. O índio vivia de empregado igual ao branco.

Patrão dizia, você comprou essa mercadoria, tem que pagar agora, quero tantos quilos de borracha. Deu tanto de dinheiro, então eu quero essa borracha. Com todos (os problemas) de hoje, acho que melhorou muito nesse ponto, porque a gente não tinha direito nem nas terras da gente... todo mundo achava que tudo era só do branco... O branco achava que só ele tinha direito à terra... Para nós, foi bom a Funai ter cortado um pedacinho de terra para nós...

A volta

Fui para o posto no rio Lurdes. Ainda não tinha a aldeia central. Depois que eu vim é que começaram a abrir. Os Arara estavam lá no cantinho, na beira do riacho Orquideia. Pensei, vou lá passear. Minha mãe veio junto. Foi uma alegria danada, para eles, nós já estávamos mortos, foi uma surpresa, nem sabiam se estávamos vivos, nós também, nem sabíamos se eles já tinham acabado... Alegria de todo mundo, todo mundo já estava esperando. Os Arara sempre moraram mais longe; dava três ho-

ras de viagem para o Lurdes. Fiquei conhecendo devagarzinho. Foram falando, fulano era seu parente, fulano era seu tio, primo...

A minha mulher, com quem eu sou casado até hoje, era pequena, era criança.

Um irmão meu morreu nos Karitiana. Manuel, meu irmão, estava em Ji-Paraná, estava trabalhando por aqui. Fui igual a um cachorro bom de caça, todo mundo estava de olho só em mim. Me levaram para a Funai. Até vir morar com o meu povo eu ainda ganhava salário da Funai. Eu não sou funcionário da Funai porque não quero. Só o sofrimento que passei... Apoena reconhece a dor que aguentei junto com meu irmão, com minha mãe. Estavam dando o maior apoio, mas eu não quis, vim para cá, pedi minha demissão.

Não sei nem em que ano vim para cá, para a terra Arara. Eu não vim para morar. Você vê como é minha história. Eu vim só para passear, e para voltar. Ia deixar minha mãe e ia embora para a cidade. Aí começaram... Você sabe como é o índio. "Você não vai mais..." Inventaram casamento para eu não ir embora. Eu pensava que não ia me acostumar, para mim estava bom. Pegaram minhas coisas, eu já estava de mala pronta para ir embora, esconderam minha mala. Casei... com essa mulher mesmo. Estou vivendo aqui até hoje... Meu filho mais velho é Agnaldo, tem 22 anos, nasceu na beira do Orquideia. Ernandez tem 18 anos, nasceu na Aldeia Central. Edilson nasceu no mesmo lugar. Fui eu que abri a aldeia central. Por isso que eu digo, eu sempre botava minha colher no meio, sempre fazia a cabeça, não sei se fazia bem ou se fazia mal, eu sempre dizia vamos fazer assim... Eu sempre acho que eu era meio metido, meio atrevido, brigava mais com o branco, com a Funai. Depois que eu voltei para cá é que Arara consertou. Como o povo do Cimi (Conselho Indigenista Missionário) diz, Carlinhos diz que sou muito bocudo, falo muito... Tinha outro cacique, Cícero Tiamot, mas eu sempre botava minha colher no meio. Mas eu dizia: eu quero assim, não quero assim. Meu povo está sofrendo, não quero que sofra. Se um tem direito, todo mundo tem que ser igual.

Sempre eu falava para a Funai, sempre eu cobrava da Funai. Começou assim. Acho que você lembra que na Aldeia Central tinha muita fruteira, muita plantação, muita fartura... Naquele tempo era pior, porque eu cansei de carregar gente nas costas. Parente nenhum fez o que eu já fiz. Já sofri naquela Central. A mulher do Benedito, eram três horas de viagem, nós tiramos dentro de três horas, para ela não morrer, na rede...

A Aldeia Central era no Setembrino. Da Serra da Providência para cá tudo era dos Arara... Só que, com o massacre dos fazendeiros, os Gavião pularam para as nossas terras. Da Serra da Providência para lá, era dos Gavião, até a divisa com os Zoró, com os Suruí, com o Madeirinha.

Se minha mãe não estivesse junto comigo enquanto cresci, eu não vinha mais para o mato não. Eu me considerava como branco. Eu não me considerava como índio. Se não estivesse com ela, como ia um dia poder voltar para cá e saber que sou índio? Quem ia falar para mim que eu era povo Arara? Ninguém, não tinha ninguém... Se não fosse através dos outros, eu não sabia não. Como ia ficar sabendo, se saí menino?

Para mim, quando conheci a nossa aldeia, soube que eu tinha parentes e fui encontrar com eles, eu era igual a uma criança, eu não sabia de nada, nem a língua deles, nem o jeito de viver, não conhecia ninguém... Como eu ia dizer que esse povo eram meus parentes?... Não tinha como... Aos poucos, eles foram me ensinando. Diziam, fulano é seu irmão, esse é seu irmão, esse é seu primo, não sei quem, essa irmã, eu fiquei conhecendo meu povo assim.

Não sei se falei muito...

Final da aula magna: Pedro traduz seu irmão Manuel

Seguiu-se à lição de Pedro a fala de Manuel, apenas em língua indígena. Nascido na maloca, antes dos "brancos", menino ainda quando ocorreu o conflito com os Ikolen, em 1959, esse homem que durante décadas foi seringueiro em regime de barracão, longe da aldeia, tornou-se um pajé reconhecido, pouco fala o português. Seu pai, quando já tinha morrido, lhe apareceu como onça, conta, atacou-o para provocar sua iniciação. Era o "iximitó", a alma do pai, o espírito, que Manuel reconheceu na fera. O pai lhe deu uma fruta, alimentou-o, viera em seu auxílio. A fuga do extermínio pelos seringalistas coincidiu com os primeiros passos de Manuel no ofício de xamã. Nos anos seguintes como proletário da borracha em semiescravidão, a visão metafísica foi um esteio para sobreviver com dignidade.

Talvez tenha sido quando voltou à terra indígena, ao lembrar do encontro com o morto, seu pai como onça, que Manuel teve como guia seu cunhado Cícero Tiamot, grande mago ainda atuante, que também narrou sua saga, nesses nossos dias encantados na aldeia. Tiamot ensinou Manuel a enfrentar e dialogar com as araras, macacos, papagaios, lontras, onças, todos os animais que não são apenas bichos, mas também seres do além, de quem não se pode ter medo, sob pena de adoecer. Manuel, como os outros pajés, trilha o Caminho das Almas, o Narawá Nekam, vai e volta. Da primeira vez foi atado aos pássaros, como que dentro de um avião, não podia soltarse, debatia-se, até se acostumar, após muitas viagens. Conta-nos que veste a roupa das onças, o couro dos espíritos, metamorfoseia-se em onça, anda no meio delas. Quando em sua forma humana, o pajé encontra uma onça que é também pajé. Se tem medo, atira, e noutro dia descobre que não se tratava de uma onça, mas de um colega pajé, que surge na aldeia, ferido. Casos de doenças mandadas por pajés inimigos de outras aldeias, métodos de cura, tudo ele nos expõe. Ouvimos estarrecidos, lembramos o grande pajé Txiposegov Ikolen já falecido, que conheci bem. Os pajés Arara foram mestres dos Ikolen e os formaram.

Manuel lamenta ter sido obrigado a viver longe do restante de seu povo, que imaginava desaparecido, massacrado. Chora pelos que morreram, lembra a alegria e a surpresa de sabê-los em vida, renasce na vida moderna, misturada à cidade, recria para nós a volta e o espanto de rever os seus.

Notas

[1] A gravação deste depoimento faz parte do Acervo Sonoro Aramirã, como denominei o meu arquivo de registros de vozes indígenas, em parte digitalizado. O depoimento de 2002 deve-se à iniciativa de Edinéia Aparecida Isidoro e da equipe da Secretaria de Estado da Educação (Seduc) de Ji-Paraná com o projeto Karo-Ikolóh, que complementava nas aldeias a formação de professores indígenas do Projeto Açaí, coordenado por aquela Secretaria. Edinéia Isidoro convidou-me em várias ocasiões para ministrar cursos de Antropologia nas aldeias. Agradeço a ela essa oportunidade rara de convivermos por muitos dias, fazendo crescer a intimidade com heroicas figuras indígenas. Edinéia, mestre em Sociolinguística pela Universidade Federal de Goiás com uma dissertação sobre os Arara Karo, era em 2014 coordenadora do Departamento Intercultural da Unir, Universidade Federal de Rondônia, *campus* de Ji-Paraná. Foi com ela e com outras educadoras que ouvi e gravei tudo que aqui procuro transmitir.

[2] Veja-se Mauro Leonel, "Antecedentes: primeiros contatos contínuos", em Betty Mindlin et al., *Couro dos espíritos*, São Paulo, Senac/Terceiro Nome, 2001, p. 240. Fernando Txerepoabá Gavião conta como foi levado para morar com Barros, ainda menino bem pequeno.

[3] "Branco" é o termo usado na região para designar os colonizadores. É tão corrente que será mantido, apesar da conotação imprópria. Na primeira vez, usam-se aspas para chamar a atenção do leitor e suscitar o debate e a crítica ao conceito de raça entre os professores indígenas e seus alunos.

[4] O SPI foi extinto em 1967, sendo substituído pela Funai. O contato da Funai com os Suruí Paiter foi feito em 1969. Portanto, foi nesse período que Pedro trabalhou em Riozinho.

[5] A entrada dos Cinta Larga na sociedade brasileira desconhecida por eles é uma das mais trágicas da história dos índios brasileiros. Suas terras foram invadidas por garimpos e seringalistas, com apoio de políticos locais, e em 1963 um massacre de uma aldeia inteira foi perpetrado no Paralelo 11, mais tarde denunciado por um dos participantes da expedição assassina. Carmen Junqueira faz o relato,

em numerosos trabalhos, como em *Sexo e desigualdade* (São Paulo, Olho Dágua, 2002). Os Cinta Larga teriam razões de sobra para atacar os estrangeiros. Os dois funcionários do SPI, muito jovens, de apenas 20 anos, isolados no posto, não tinham qualquer estrutura para evitar invasões e trabalhar com os grupos isolados que vinham ocasionalmente ao posto. Pedro indica que houve intriga contra eles por parte de um trabalhador braçal. O destino dos Cinta Larga continuou a ser o de acusados de mortes, quando as vítimas de genocídio foram eles repetidas vezes, por exemplo com a venda de madeira de lei e a descoberta do diamante no fim do segundo milênio e começo do terceiro.

[6] Foi um grande choque para Apoena Meirelles a morte, em 1971, dos dois indigenistas, Acrísio Lima e Possidônio Bastos Cavalcanti. Tinham os três aproximadamente a mesma idade. Ao buscar os corpos, o próprio Apoena foi ferido. No entanto, jamais ele perseguiria ou culparia os Cinta Larga, com quem tinha um diálogo estreito e respeito mútuo. O assassinato de Apoena, em 2004, não esclarecido até agora, provavelmente se deve à defesa que fez do povo Cinta Larga na questão da exploração do diamante e ao seu esforço para que fossem eles a gerir o resultado do garimpo. Veja-se Mauro Leonel e Betty Mindlin, "Apoena Meirelles 1949-2004 – uma grande perda frente à lei das mineradoras", em *Revista de Estudos e Pesquisas*, Brasília, Fundação Nacional do Índio, v. 4, 2007, pp. 291-9, 2007, e "Symbol of Brazilian Indigenism Assassinated", em *Anthropology News*, American Anthropological Association, v. 46, oct. 2005, pp. 21-2.

A biblioteca do imigrante

Ao doarem à Universidade de São Paulo sua biblioteca brasiliana, que tem fama de ser a maior coleção particular de livros sobre o Brasil, aqui ou no exterior, meus pais retribuíram a generosidade da terra que recebeu seus próprios pais, imigrantes judeus fugitivos da perseguição e do preconceito na Europa Oriental – Odessa, no caso de meus avós paternos, Bessarábia e Letônia, origem de meu avô e minha avó maternos. Estes vieram no final do século XIX, os primeiros em 1910, antes da Revolução Russa, sobreviveram e prosperaram – mas sem extinguir ou tomar o espaço de povos do lugar, como se deu em tantos outros lugares do mundo. Sua conquista foi a do estudo e da cultura, com a herança de um pendor artístico e da habilidade com a palavra, transmitida por sendas cuja memória antiga não se conservou. Meu avô, contava meu pai, ouvira falar em uma cidadezinha perto de Odessa, ao dizer que se chamava Mindlin, que seria descendente de um rabino, Tosef Yom Tov (1578-1654), mas pesquisas atuais de seu bisneto mostram que a história só se sustenta, com graça, como um mito familiar.

Meus pais, nascidos no Brasil, já cresceram em condições materiais razoáveis, com dificuldades cíclicas, mas bastante estabilidade. Quando se casaram, eram profissionais liberais, sem patrimônio, afora os livros, que meu pai vinha comprando e reunindo desde os 12 anos, graças a sua aptidão para vender alguns e comprar outros, com lucro, usando o tino comercial para a acumulação de obras raras sobre o Brasil. Tornou-se empresário, por acaso, nos anos JK, mas eu já era adulta e profissional quando a atividade industrial proporcionou à família fartura imprevisível e representou para a biblioteca um crescimento em qualidade, quantidade e valor.

Agora, nos primeiros anos do terceiro milênio (em 2006), a riqueza que lhe veio às mãos em uma vida, com a parceria de minha mãe, vai para a universidade onde eles dois, e nós quatro filhos, nos formamos, bem como a maioria de seus netos. Estes, consumada a doação em maio, ainda com minha mãe, que se foi um mês mais tarde, retomam o lugar dos bisavós no começo de vida – devem refazer o caminho do estudo, do esforço, com não mais cabedal que sua capacidade de criar e agir.

Penso no destino das gerações, na circulação de saber e trabalho que se dá em um século. Nosso pai, acompanhado por nossa mãe, estimulou nossa vertente socialista, voltada para a transformação das relações de classe e poder, para a igualdade e a justiça, metas utópicas e realistas. Como foi industrial por 50 anos, poderíamos dizer que o trabalho dos operários contribuiu de forma substancial para a biblioteca. Provavelmente, se fossem consultados, os trabalhadores consumiriam o produto de seu labor de outra forma – mas para a sociedade, é meritória a formação de uma biblioteca e a reflexão que permite sobre a história e o passado. O Brasil não saiu perdendo ao abrigar esses meus jovens avós que vieram apenas com a roupa do corpo e a coragem de se aventurar em um mundo para eles sem referências. Nada arrancaram aos habitantes originais. Forjaram, com muitos outros, o anseio de tolerância e pluralidade, que existe no Brasil, lado a lado com o racismo e a desigualdade. Seus descendentes, outra vez, deixam de ser proprietários.

(Para nós que tanto discorremos sobre o saque dos colonizadores, o pêndulo riqueza-pobreza está sempre em mente. Ronaldo Correia de Brito, um escritor que admiro, conta em uma entrevista na TV que seus antepassados, fugindo da seca em Pernambuco, adentraram os domínios indígenas do Ceará, exterminaram povos e enriqueceram. Claro que ele não aprova nem tem culpa desse passado, mas seu depoimento corajoso faz pensar na proveniência de cada um, e como a transformamos.)

O ritual de passagem, com a doação, muda o destino da família, mas parece até insignificante, frente ao fim de uma era feliz, no meio do ano, com a perda de nossa mãe. Todo o resto se esfuma, lembrando o costume indígena de queimar todas as posses quando os seres mais próximos desaparecem.

Temos, porém, o nosso pai para cuidar, para que ele não fique tão destituído, e tenha ainda algum gosto pela vida.

Na nossa loucura familiar, à moda Nambiquara ou Guarani, com o desprendimento da matéria, cada um de nós há de ter seu jeito e sua atitude. Os grandes romances, como os de Balzac ou de Flaubert, todo o século XIX, são densos de transformações patrimoniais e seus efeitos sobre a vida e a criação. Vamos reinventar a relação com o dinheiro, como que voltando aos tempos antigos da minha infância. Nossa mãe, quando surgiam ameaças de perderem um patrimônio minguante, punha um ponto final aos conselhos dos filhos: "Não tem importância, com seu pai vou morar embaixo da ponte, vamos tocando assim mesmo".

Fontes dos textos

Crônicas despidas

Autobiografia

Publicada com o título de "Viagem noturna" no livro de Suzana Souza Pastori e Roseane Freitas Nicolau (orgs.), *Encontro transcultural subjetividade e psicopatologia no mundo globalizado*, São Paulo, Escuta, 2012, pp. 89-103.

Um voo livre

Publicada na primeira parte de meu artigo "O amor primeiro – a vida amorosa no imaginário indígena", em *Revista IDE*, São Paulo, v. 34, n. 52 – "Amores", ago. 2011, pp. 34-42 (publicação da Sociedade Brasileira de Psicanálise de São Paulo). É minha recriação do mito que Martin Gusinde intitulou "O casal de gansos selvagens", que li em inglês, "The Wild Goose Couple", em Johannes Wilbert (ed.), *Folk Literature of the Yamana Indians. Martin Gusinde's Collection of Yamana Narratives*. Los Angeles, University of California Press, 1977, Mito 26, pp. 73-5. Sobre os Selknam mencionados no texto, a fonte é o livro de Anne Chapman, *Quand le Soleil voulait tuer la Lune*, Paris, Métailié, 2008.

Bravas mulheres

Uma versão mais curta desse artigo, com o título de "Brava gente, bravas mulheres", sobre o filme *Brava gente brasileira*, de Lúcia Murat, foi publicada na *Folha de S.Paulo*, Ilustrada, 22 jan. 2001, E5.

Melodia amorosa Ikolen Gavião

Esta crônica baseia-se em apresentação oral no "Encontro Internacional de Psicopatologia Transcultural", realizado na Universidade Federal do Pará,

Belém, em abr. 2010. O conteúdo, com algumas mudanças, foi publicado no meu artigo "Cenas do amor indígena", *Ciência e cultura*, v. 64, série 1, 2012, pp. 38-40. Quanto aos poemas de amor, há versões semelhantes em português (tradução de gravações na língua indígena) no livro de Betty Mindlin et al., *Couro dos espíritos*, São Paulo, Senac/Terceiro Nome, 2001.

Eu quero aquilo!

Essa crônica é, com pequenas mudanças, a segunda parte do meu artigo "O amor primeiro – a vida amorosa no imaginário indígena", *Revista IDE*, São Paulo, v. 34, n. 52 – "Amores", pp. 34-42, ago. 2011 (publicação da Sociedade Brasileira de Psicanálise de São Paulo). Fiz, como no mito yamana no mesmo artigo, uma livre versão da narrativa bilíngue publicada pelos Maxacali em saboroso estilo, "Kaksop pabokxop, as crianças cegas", em Povo Macakali, *Penãhã, livro de Pradinho e Água Boa*, Belo Horizonte, Fale/UFMG, CGEEI/Sedac/MEC, 2005, pp. 31-5. Não é o que recomendo, e sim a fidelidade máxima ao texto original e aos direitos de autores. Mas o encantamento por essa história somado à admiração pelo trabalho da UFMG com os Maxacali estimularam a transgressão, que aliás se refere a uma transgressão bem maior. É uma pena que o livrinho Maxacali, feito para distribuição aos educadores indígenas, não seja acessível a um público amplo.

Guerra dos pinguelos na Terra do Fogo

Esse artigo foi publicado em *Oralidades: Revista de História Oral*, São Paulo, NEHO, Universidade de São Paulo, jul.-dez. 2010. n. 8, pp. 17-30. Lembremos que pinguelo, como nos contam os dicionários de Aurélio Buarque de Holanda Ferreira e Antonio Houaiss, quer dizer, além de gatilho, tanto pênis como clitóris. O título original do livro *Moqueca de maridos* era *Guerra dos pinguelos*, descartado pela editora.

A cabeça voraz

Publicado em *Estudos Avançados*, n. 27, v. 10, São Paulo, maio/ago. 1996.

Silbene, poeta de Mutum

As citações de Silbene de Almeida são de poucas páginas datilografadas de diários de 1976, que deixou conosco em nossas primeiras viagens. Os textos que nos deu constam de seu artigo "A história de Jacutinga", em *Povos Indígenas no Brasil/1984. Aconteceu Especial 15*, Cedi – Centro Ecumênico de Documentação e Informação, pp. 234-8, a mesma que ouvi dele no calor da hora em Vilhena, em 1984.

Crônicas vestidas

O pintor J. Swaminathan no Brasil

Parte do ensaio consta do meu artigo "Um pintor místico e revolucionário", *Folha de S.Paulo,* Folhetim, 11 abr. 1982, p. 8, e parte seria uma apresentação ao livro ainda inédito de Lúcia Fabrini de Almeida, *O trapo e a faca*, tradução de poemas do pintor e ensaio sobre sua vida e obra.

Os fios do sonho: Anaïs Nin

Betty Mindlin, "Os fios do sonho", em *Leia Livros*, São Paulo, ano 22, n. 12, 15/4/1979 a 14/7/1979, pp. 13-4.

Natalia Ginzburg em Passo Fundo

O texto incorpora na segunda parte o meu artigo "Natalia Ginzburg retrata mulheres de forma rara", *O Estado de S. Paulo*, 14 out. 1998.

Na trilha de um passaporte iraniano

Publicado com o título de "Retrato do Irã", *Estudos Avançados*, São Paulo, 2010, v. 24, n. 68, pp. 387-90.

A raiva e o sonho dos condenados: um filme exemplar

Publicado em *Estudos Avançados*, São Paulo, v. 20, n. 58, set./dez. 2006.

Mamaé Coragem

Texto apresentado em 2010 para publicação pelo XIV IFNOPAP, encontro internacional promovido pela Universidade Federal do Pará, sob coordenação de Maria do Socorro Simões. Foi lido na Pontifícia Universidade Católica de São Paulo, em 3 de julho de 2012, durante a reunião da ABA – Associação Brasileira de Antropologia, em uma sessão em homenagem a Carmen Junqueira. Foi publicado em Maria do Socorro Simões, *IFNOPAP, dez anos de seminários embarcados*, Belém, UFPA, 2010, pp. 129-36. Esse livro, porém, é inencontrável. Foi republicado em Joaquim Maria Botelho (org.), *Antologia UBE*, São Paulo, Global, 2015, pp. 222-8.

Aula magna de Pedro Arara Karo

Publicado com o título de "Aula Magna de Pedro Arra Karo: a persistência de um povo", *Estudos Avançados*, São Paulo, 30 (87), 2016, pp. 323-35.

A autora

Betty Mindlin é antropóloga, autora de *Diários da floresta* e de sete livros em coautoria com narradores indígenas, como *Vozes da origem* e *Moqueca de maridos,* traduzido para várias línguas.

GRÁFICA PAYM
Tel. [11] 4392-3344
paym@graficapaym.com.br